El riesgo cardíaco de la marihuana

Un cirujano cardíaco explica los peligros ocultos de la marihuana para el corazón y los pulmones.

Jessica Hintz,
Estados Unidos, 2025

Imprimir

Título del libro: El riesgo cardíaco de la marihuana
Subtítulo del libro: Un cirujano cardíaco explica los peligros ocultos de la marihuana para el corazón y los pulmones.
Autora: Jessica Hintz

Autora: Jessica Hintz
Contacto: boxingboy898337@gmail.com

PREFACIO

El riesgo cardíaco de la marihuana: un cirujano cardíaco explica los peligros ocultos de la marihuana para el corazón y los pulmones.

Durante más de veinticinco años, he abierto tórax, reparado corazones dañados y he presenciado de primera mano los efectos que décadas de estilo de vida pueden tener en el cuerpo humano. He operado a fumadores, diabéticos, corredores de maratón, adolescentes con defectos congénitos y pacientes mayores que luchan contra las consecuencias del paso del tiempo. Pero durante la última década, comencé a notar un patrón que desafiaba todo lo que me habían enseñado y todo lo que la sociedad creía: pacientes que nunca habían fumado un cigarrillo, pero cuyos pulmones lucían tan ennegrecidos y enfermos como los de los fumadores de toda la vida. Pacientes con bloqueos coronarios graves que insistían en llevar una vida "limpia", hacer ejercicio, comer bien y evitar todos los riesgos cardiovasculares habituales.

Cuando pregunté qué decían,*hizo*En uso, la respuesta fue casi siempre la misma:

Solo marihuana. Pero es natural, así que es segura.

Su sinceridad era real. Su creencia era real. Pero sus cuerpos contaban una historia diferente.

En quirófanos de todo el país, los cirujanos han observado lo mismo: tinción pulmonar grave, inflamación de las vías respiratorias, daño arterial prematuro y obstrucciones inesperadas en personas cuya única exposición al humo provino de la marihuana. Sin embargo, fuera de los hospitales, predomina una narrativa muy diferente: la que asume que la marihuana es inofensiva porque es "orgánica", "herbal" o "natural".

El propósito de este libro no es juzgar, criticar ni moralizar. Mi objetivo es simple:

para proporcionar los hechos que a muchas personas nunca se les ha contado: hechos que podrían salvar una vida.

La marihuana hoy es más potente que hace décadas. La gente la inhala de forma diferente que el tabaco. El movimiento por la legalización ha difuminado involuntariamente la línea entre "legal" y "seguro". Y la cultura del bienestar la ha rebautizado como un antídoto inofensivo contra el estrés. En medio de este ruido, la ciencia ha luchado por mantenerse al día, e incluso cuando lo hace, esos hallazgos rara vez llegan a quienes más los necesitan.

Este libro es mi intento de tender ese puente.

Se basa en investigaciones revisadas por pares, evidencia clínica y, lo más importante, años dedicados a observar directamente pulmones, arterias y corazones que han sido dañados por el humo crónico de marihuana. Si bien la marihuana puede tener aplicaciones médicas y ser más segura que el tabaco en ciertos contextos, fumarla es...*no*Un acto sin riesgo. El humo, sin importar su origen, tiene consecuencias. Los pulmones fueron diseñados para el aire, nada más. Y el corazón, a diferencia de la opinión pública, no distingue entre "orgánico" y "sintético".

Escribí este libro porque muchos de los pacientes que acudieron a mí con enfermedades cardíacas o pulmonares graves se sorprendieron al descubrir que su consumo diario de marihuana influía en ello. No tenían ni idea. Nadie les había advertido. Y para cuando llegaron a mi quirófano, el daño ya estaba hecho.

Si este libro hace una cosa (ayudar incluso a una sola persona a tomar una decisión más informada), entonces habrá cumplido su propósito.

Sin tácticas de miedo. Sin exageraciones. Solo la verdad, tal como la ve la medicina.

—Jessica Hintz
Diciembre de 2025

CONTENIDO

Capítulo 1 – La ilusión orgánica: ¿Por qué la gente cree que fumar marihuana es seguro?

Durante décadas, la gente ha estado condicionada a creer que todo lo "natural" debe ser inofensivo, incluso beneficioso. La idea se ha arraigado tanto en la cultura moderna que la sola mención de algo...*orgánico*Parece desarmar cualquier sentido de precaución. La marihuana, quizás más que cualquier otra sustancia, ha sido el centro de esta ilusión. A medida que la legalización se ha extendido y las redes sociales han envuelto la planta en un halo de bienestar inofensivo, la creencia de que fumar marihuana conlleva poco o ningún riesgo se ha convertido en una suposición colectiva, una suposición que ha trascendido el simple hábito y ahora se asemeja a una verdad cultural.

Esta ilusión comienza con una simple incomprensión del lenguaje. Cuando se hace referencia a una sustancia como natural, la mente humana tiende a suavizar sus matices. Existe un instinto psicológico que equipara lo natural con lo seguro, como si la tierra misma no produjera nada dañino. La gente olvida que muchas de las sustancias más letales —la cicuta, el arsénico, la belladona, los hongos venenosos, el tabaco— son completamente naturales. Sin embargo, el mundo moderno ha asociado la palabra...*orgánico*Se aplica a todo, desde alimentos hasta productos para el cuidado de la piel y medicinas herbales, creando un halo de pureza que se extiende incluso a productos con claros riesgos. La marihuana se ha visto envuelta en ese halo a través de décadas de mensajes culturales. Se la considera ancestral, terrosa, cultivada en tierra en lugar de diseñada en un laboratorio y, por lo tanto, se presume que no conlleva ninguno de los peligros típicamente asociados con los intoxicantes químicos.

Las raíces de esta ilusión son profundas y se remontan a generaciones que veían la marihuana como un símbolo de rebelión más que como una ciencia. Movimientos culturales más antiguos la idealizaron como una vía de escape inofensiva, una planta que parecía ofrecer consuelo sin consecuencias. Los años setenta y ochenta moldearon una narrativa en la que los consumidores de marihuana contrastaban con orgullo su elección con la imagen más dura del alcohol o las drogas duras. Se transmitieron historias de personas que fumaron durante años sin experimentar problemas graves, y esas anécdotas se convirtieron en una prueba en sí mismas. Se arraigó la creencia de que la marihuana era el más suave de los vicios, algo suave y tolerante, casi un ritual de salud más que un hábito.

La influencia generacional no se detuvo ahí. A medida que nuevas oleadas de jóvenes adoptaron la marihuana, heredaron la percepción más moderada de las generaciones anteriores. Crecieron oyendo decir que la marihuana era solo una planta, que era menos peligrosa que los cigarrillos y que no tenía los mismos efectos a largo plazo asociados con el tabaco. Algunos vieron a sus abuelos o padres usarla recreativamente sin ningún daño evidente. Estos ejemplos, aunque limitados o incompletos, reforzaron la creencia de que la marihuana era la forma más segura de fumar, si es que siquiera se consideraba fumar.

Pero algo más alimentó la ilusión: el cambio cultural que acompañó a la legalización. A medida que las leyes cambiaban en diferentes países y estados, muchos interpretaron la aceptación legal como un sello de aprobación médica. La gente empezó a asumir que si los gobiernos permitían la venta de marihuana, debía haber sido probada científicamente para garantizar su seguridad. La legalización creó un halo de seguridad que se extendía mucho más allá de la intención. Muchos nunca se dieron cuenta de que la legalización a menudo se producía por razones sociales y políticas, no puramente médicas. El público rara vez distingue entre regulación y aprobación. Cuando aparecen dispensarios donde antes estaban las licorerías, y cuando los menús brillantes ofrecen descripciones de cepas que parecen etiquetas de té en lugar de advertencias sobre medicamentos, la conclusión subconsciente se hace más fuerte: esto debe ser seguro.

El marketing jugó un papel fundamental en la formación de esta percepción. Los dispensarios rara vez se parecían a farmacias o clínicas; en cambio, parecían cómodos, artísticos e incluso lujosos. Los productos se envasaban en elegantes latas o bolsas ecológicas, con etiquetas decoradas con hojas, colores suaves y tipografías inspiradas en la naturaleza. Había nombres relajantes que enfatizaban la calma, la creatividad o la sanación. Toda la presentación estaba diseñada para parecer saludable, lo que contribuía a la suposición de que los riesgos eran mínimos. Cuando un producto se vende en una tienda moderna y luminosa, con macetas en un rincón y música relajante de fondo, resulta difícil imaginar que pueda dañar los pulmones o forzar el corazón.

Las redes sociales amplificaron esta ilusión hasta convertirla en una creencia generalizada. En plataformas repletas de videos cortos e imágenes seleccionadas, la marihuana suele presentarse como un accesorio de estilo de vida en lugar de una sustancia con consecuencias fisiológicas. La gente veía a los creadores armar porros sin esfuerzo, exhalar humo al atardecer o hablar en voz baja sobre cómo la marihuana les ayudaba a relajarse. Los comentarios bajo estas publicaciones a menudo reflejaban el mismo sentimiento: que la marihuana era más segura que el alcohol, más segura que los cigarrillos, más segura que el estrés. Los espectadores se desplazaban por estas imágenes sin darse cuenta de que ninguna mostraba el coste biológico del humo al entrar en los pulmones ni su impacto real en el sistema cardiovascular.

Otra capa de ilusión provenía de la forma en que la gente comparaba la marihuana con el tabaco. Muchos creían que, al carecer de nicotina y no estar asociada con las grandes corporaciones tabacaleras, debía ser la opción más saludable. Asumían que el tabaco por sí solo causaba cáncer de pulmón o bronquitis crónica, ignorando que la quema de cualquier material vegetal libera sustancias químicas nocivas y partículas tóxicas. Algunos consumidores incluso se convencían de que su método de inhalación era más suave, o que su frecuencia de consumo era menor, y por lo tanto no se exponían a un riesgo significativo. Estas comparaciones permitían a la gente justificar sus hábitos creyendo que la marihuana era el menor de dos males.

La industria del bienestar ejerció su propia influencia. A medida que los productos de CBD inundaban el mercado, se difuminaba la línea entre los beneficios médicos y el consumo recreativo. La gente veía aceites, gomitas, tinturas y lociones comercializados para el sueño, la ansiedad y la inflamación. Vieron afirmaciones con tintes científicos asociadas a términos como cannabinoides y terpenos. Aunque el CBD y el THC difieren significativamente en sus efectos y riesgos, el consumidor promedio solía agruparlos bajo una idea general de beneficio terapéutico. Si el CBD era bueno para el cuerpo, razonaban, entonces la marihuana fumada no podía estar muy lejos. Una planta que ayudaba a reducir la ansiedad o el dolor de una forma seguramente no podía ser dañina de otra. La cultura del bienestar, al intentar promover remedios naturales, alimentó involuntariamente un malentendido sobre la seguridad del humo de marihuana inhalado.

La capa psicológica de la ilusión puede ser la más poderosa de todas. Los seres humanos tienden a confiar más en la experiencia personal que en los datos científicos. Si alguien fuma marihuana y se siente tranquilo en lugar de enfermo, percibirá la experiencia como benigna. La ausencia de daño inmediato convence al cerebro de que no hay peligro oculto. El cuerpo no envía señales obvias de que los pulmones se están cubriendo de alquitrán ni de que las arterias experimentan una inflamación sutil. Dado que las consecuencias se desarrollan silenciosamente con el tiempo, la marihuana parece suave en el momento. Esto refuerza la creencia de que el riesgo debe ser bajo o inexistente. La mente busca retroalimentación rápida, y cuando no la recibe, asume seguridad.

Las personas también subestiman el riesgo cuando el daño se percibe como algo lejano o abstracto. La idea de una enfermedad cardíaca o daño pulmonar parece algo que solo les ocurre a las personas mayores o a los grandes consumidores de tabaco, no a quienes fuman unos porros los fines de semana o consumen marihuana para dormir. Imaginan el daño como algo drástico e inmediato, no como una acumulación lenta que ocurre silenciosamente sin que se den cuenta. Dado que las primeras etapas de la tensión cardiovascular o la irritación pulmonar no producen síntomas graves, los consumidores asumen que están eludiendo el daño. Esta falsa sensación de inmunidad refuerza la creencia de que la marihuana es excepcionalmente suave.

Además, la conversación cultural en torno a la marihuana suele centrarse en sus posibles beneficios, dejando de lado los riesgos. Se habla de su capacidad para reducir las náuseas, aumentar el apetito o aliviar las molestias en contextos médicos. Se habla de su uso en pacientes con cáncer o con dolor crónico. Se informa sobre cepas diseñadas para la relajación o la creatividad. Se ven documentales donde expertos hablan de su potencial terapéutico. Todo esto genera una comprensión parcial que prioriza la versatilidad y la curación en lugar de las consecuencias del humo para el corazón y los pulmones. Incluso cuando se reconocen los riesgos, se tiende a minimizarlos comparando la marihuana con sustancias más peligrosas. La creencia se convierte no solo en que la marihuana es segura, sino en que es la opción más segura disponible.

La legalización trajo consigo una nueva capa de confianza. Cuando los gobiernos comenzaron a otorgar licencias a los cultivadores, gravar las ventas y crear empaques estandarizados, muchos asumieron que la marihuana había sido sometida al mismo nivel de escrutinio de seguridad que los fármacos. Creían que había pasado por los filtros regulatorios diseñados para proteger la salud pública. La realidad era más compleja. Los productos estaban regulados en términos de producción, distribución y restricciones de edad, pero las políticas no eliminaron los efectos a largo plazo del consumo de tabaco. Aun así, el público veía la marihuana legal como una señal de confianza, como si el gobierno indicara que los riesgos eran insignificantes.

A medida que el mundo se inclinaba hacia la aceptación, se creó un sutil estigma contra quienes planteaban inquietudes. Quienes advertían sobre los efectos de la marihuana en la salud solían ser tachados de anticuados o desinformados. A algunos se les decía que sus preocupaciones se asemejaban a la vieja propaganda del siglo XX. La cultura se había inclinado tanto hacia la aceptación que cualquier voz que mencionara riesgos sonaba exagerada o sesgada. Esto dificultó aún más que las advertencias científicas reales llegaran al público. Muchos simplemente no querían oír nada que contradijera la cómoda creencia que habían mantenido durante años.

Sin embargo, bajo todas estas influencias culturales, psicológicas y de marketing, el cuerpo permanece indiferente a las creencias sociales. Los pulmones no distinguen entre humo natural y artificial. El corazón no ajusta su reacción según la percepción cultural. El sistema cardiovascular responde únicamente a las realidades químicas y físicas que encuentra. Cuando el humo de la marihuana entra en los pulmones, el cuerpo lo procesa de la misma manera que procesaría cualquier forma de materia orgánica quemada: con inflamación, irritación, estrés oxidativo y un mayor esfuerzo para el corazón. Estos efectos no se ven atenuados por las intenciones del consumo ni por el origen de la planta. Ocurren silenciosamente, sin previo aviso, independientemente de lo segura que el consumidor crea que es la sustancia.

Este capítulo revela la complejidad que subyace a la ilusión de que la marihuana es inofensiva simplemente por ser natural. Es una ilusión construida a partir de décadas de narrativas culturales, reforzada por la estética de la legalización, apoyada por el marketing de las industrias del bienestar y sostenida por sesgos psicológicos que incitan a las personas a confiar en su propia experiencia por encima de la evidencia científica. Es una ilusión fortalecida por historias de amigos, publicaciones seleccionadas en redes sociales, envases atractivos y la ausencia de síntomas inmediatos tras la inhalación.

Comprender por qué existe esta ilusión es el primer paso para desmantelarla. Solo reconociendo las fuerzas que moldearon esta creencia, los lectores podrán comenzar a evaluar la marihuana con claridad, en lugar de con suposiciones. La verdad no es que la marihuana sea únicamente mala o universalmente dañina. Simplemente, fumar cualquier cosa, incluso algo natural, conlleva riesgos que no pueden ser eliminados por la percepción cultural ni las preferencias personales. Este libro busca desentrañar los mitos que enturbian el debate, presentar la realidad médica y ayudar a las personas a comprender el cuerpo no como una máquina abstracta, sino como un sistema delicado que reacciona a cada sustancia con la que entra en contacto. La ilusión de seguridad es poderosa, pero el conocimiento es más fuerte.

Capítulo 2 – La perspectiva del cirujano: Lo que revelaron 25 años en el quirófano

A menudo decía que la formación de un cirujano comienza mucho después de la escuela de medicina, cuando se abre el primer tórax y la realidad de la fragilidad humana se eleva como vapor desde la mesa de operaciones. El Dr. Jeremy London había repetido esa frase muchas veces a los residentes que lo observaban trabajar con la reverencia distante de los estudiantes que observan a un maestro artesano. Pero siempre lo creía más profundamente cuando se encontraba mirando un par de pulmones que no coincidían con la historia que un paciente había contado sobre su estilo de vida. Veinticinco años en el quirófano le habían enseñado muchas verdades, pero ninguna lo había inquietado más que el innegable patrón que había visto en pacientes que insistían en estar "sanos": los que nunca fumaron tabaco, pero tenían pulmones tan oscuros que una vez comentó que parecían como si un deshollinador se hubiera instalado en su interior.

Recordó el primer caso que lo obligó a cuestionar las suposiciones sobre la marihuana. Fue al principio de su carrera, cuando aún confiaba en que lo que los pacientes le contaban era la verdad. Un joven de unos treinta y pocos años había sido llevado con dolor en el pecho, el rostro pálido, sudor perlado en la frente y sin antecedentes de tabaquismo. Estaba relativamente en forma, sin antecedentes familiares significativos de cardiopatías, y la nota de urgencias sugería un candidato inusualmente joven para una cirugía de bypass. Cuando el Dr. London le abrió el pecho y vio las arterias, la sorpresa fue inmediata. Estaban estrechas, rígidas y engrosadas, parecidas a los vasos sanguíneos que solía ver en hombres que le doblaban la edad: hombres que habían fumado uno o dos paquetes de cigarrillos al día durante décadas. Recordó haberse quedado mirando la arteria obstruida, pensando que las cifras, la edad, el historial... nada tenía sentido. Cuando el paciente confesó más tarde que había fumado marihuana a diario desde la universidad, el Dr. London lo anotó discretamente, aunque en ese momento no estaba seguro de qué pensar. Un caso no fue un patrón.

Pero los patrones suelen revelarse a quienes trabajan con anatomía a diario. Con el paso de los años, las historias se repitieron con una consistencia inquietante. Una mujer de unos cuarenta años que nunca había fumado llegó con angina inestable y acabó necesitando un triple bypass. Sus arterias se habían endurecido y estrechado hasta el punto de que él se preguntaba cómo había estado funcionando. Ella había hablado en voz baja cuando le preguntaron sobre el tabaco, admitiendo que nunca había tocado un cigarrillo. Pero cuando su marido mencionó que fumaba marihuana "para relajarse, solo un poco cada noche", la pieza que faltaba encajó. El Dr. London descubrió entonces que la gente consideraba que la marihuana estaba exenta de los riesgos asociados a otras formas de fumar, como si los orígenes naturales de la planta le otorgaran inmunidad a las consecuencias fisiológicas.

Sin embargo, en el quirófano, el humo era humo y los pulmones no mentían.

Recordó cirugías en las que había abierto un tórax esperando ver tejido pulmonar relativamente normal según los informes de los pacientes, solo para encontrarse con una superficie ennegrecida y moteada que se doblaba bajo sus manos enguantadas como una lona rota. Casi podía oír la incredulidad de los estudiantes de medicina que miraban por encima de su hombro y susurraban que la historia clínica decía que el paciente no fumaba. Él respondía con una explicación tranquila, ofrecida con la voz suave de quien había visto esto muchas veces antes: que el paciente fumaba marihuana regularmente. Describió los efectos del alquitrán independientemente de su planta de origen, cómo la inflamación no discriminaba entre las hojas de tabaco y la resina de cannabis, y cómo los pulmones procesaban los contaminantes sin tener en cuenta las intenciones de quien los inhalaba.

El Dr. London siempre había abordado su trabajo con una calma deliberada, la que le permitía hablar incluso mientras reconstruía el corazón de un paciente. Pero cuanto más practicaba, más sentía una creciente frustración por la persistente idea errónea de que la marihuana era segura por ser herbal, derivada de plantas o no industrial. Recordaba las innumerables veces que sus familiares se sorprendían cuando les explicaba la probable causa de la cardiopatía de su ser querido. Respondían con voz perpleja, diciendo que la marihuana no era como los cigarrillos, que era natural y cultivada en la tierra. Escuchaba con paciencia cada vez, pero en su interior sentía la misma decepción familiar. Hacía tiempo que había comprendido que la gente a menudo veía lo que quería ver, y que la narrativa en torno a la marihuana no había sido moldeada por la medicina, sino por la cultura, la conveniencia y la creencia popular.

Una cirugía en particular lo impactó más que la mayoría. El paciente era un hombre de cincuenta y dos años con una obstrucción coronaria grave y dificultad respiratoria repentina. A simple vista, parecía un individuo promedio de mediana edad con un estilo de vida relativamente normal. No bebía en exceso, tenía un trabajo moderadamente activo y no tenía antecedentes de fumar tabaco. Cuando el Dr. London abrió la cavidad torácica, la imagen fue impactante. Los pulmones estaban manchados de negro, salpicados de depósitos similares al hollín que se extendían por el tejido en parches irregulares. Había visto pulmones similares antes, pero lo que hizo este caso profundamente inquietante fue la negativa del paciente a creer que sus propios hábitos de fumar pudieran haber contribuido a su estado. Cuando le dijeron que su consumo de marihuana (porros a diario durante casi veinte años) probablemente había jugado un papel importante, el hombre insistió en que era imposible. Describió la marihuana como limpia, orgánica e inofensiva en comparación con los cigarrillos. El Dr. London recordó cómo la voz del hombre se elevaba levemente mientras hablaba, como si defendiera a un amigo de confianza, y entonces se dio cuenta de lo profundamente arraigadas que estaban estas creencias en la mente de las personas.

En el quirófano, las creencias se disolvieron bajo las brillantes luces quirúrgicas. A la biología no le importaba lo que una persona creía que debía suceder; simplemente reflejaba las consecuencias de las decisiones tomadas a lo largo del tiempo.

Si bien las cirugías eran los entornos más dramáticos donde estas verdades aparecían, el Dr. London también las encontraba en conversaciones clínicas más discretas. En chequeos rutinarios, escuchaba a los pacientes describir dificultad para respirar, opresión en el pecho o fatiga inusual. Negaban con seguridad el consumo de cigarrillos, a menudo orgullosos de evitar lo que consideraban el vicio más dañino. Pero cuando la conversación giraba en torno a la marihuana, la mencionaban con indiferencia, como si apenas representara un riesgo. Muchas veces, los pacientes decían que fumaban solo "un poco" de marihuana, y la palabra "poco" ocultaba la realidad de su consumo diario o casi diario. Él escuchaba y contaba mentalmente los años de exposición, sabiendo cómo lucían los pulmones de esos individuos desde dentro.

Le quedó claro que la sociedad no solo había subestimado los riesgos del humo de marihuana, sino que los había ignorado por completo. En una ocasión, se reunió con un grupo de médicos residentes que cuestionaban si el humo de marihuana podía causar el mismo daño arterial que el tabaco. Les mostró imágenes de cirugías anteriores, comparando las lesiones, las obstrucciones y el engrosamiento de las paredes arteriales, y les explicó detalladamente cómo las partículas de cualquier planta en llamas producían estrés oxidativo, inflamación y daño endotelial. Un residente comentó con sorpresa que nunca antes habían visto que la marihuana se presentara como un riesgo cardiovascular. El Dr. London respondió que la falta de conversación no reflejaba la ausencia de consecuencias, sino solo una falta de concienciación.

Con el paso de las décadas, vio cómo surgían lentamente estudios científicos que confirmaban lo que había observado durante años. Las investigaciones comenzaron a mostrar un mayor riesgo de infarto entre los jóvenes consumidores de marihuana, un aumento de casos de arritmias tras el consumo de cannabis y signos de irritación pulmonar similares a los observados en fumadores habituales de tabaco. Observó cómo las instituciones sanitarias comenzaban a reconocer con cautela los riesgos, aunque la percepción pública llevaba muchos años de retraso. Le frustraba ver cuán profundamente la cultura podía influir en las decisiones sanitarias: cómo una creencia repetida con demasiada frecuencia se convertía en una verdad para quienes buscaban tranquilidad en lugar de realidad.

Pero la cirugía lo había entrenado para afrontar la realidad sin vacilar. Había soportado operaciones en las que era necesario detener y reiniciar un corazón en cuestión de minutos, donde un solo movimiento en falso cambiaba el desenlace de una vida. En esos momentos, la claridad importaba más que la comodidad. Y la claridad que adquirió a lo largo de veinticinco años era inconfundible: el humo de la marihuana tenía consecuencias reales, medibles y peligrosas.

Recordó las noches que salía del hospital tras una larga cirugía, con el olor a antiséptico aún impregnado en su uniforme, y pensó en lo extraño que era que los pulmones pudieran contar historias que la gente se negaba a escuchar. El tejido revelaba años de inhalación, patrones de inflamación, daño por toxinas y la inconfundible huella del humo. Algunos pulmones parecían rosados y sanos, otros jaspeados de alquitrán negro, y algunos tan dañados que apenas se expandían. Cuando veía pulmones oscurecidos por la marihuana, nunca era solo una observación médica; era un recordatorio de que la sociedad había pasado por alto algo importante, algo visible solo para quienes trabajaban dentro del cuerpo.

Había hablado de estas experiencias en congresos, aunque a menudo sentía que el público se dividía entre quienes aceptaban la evidencia y quienes dudaban porque el tema afectaba a creencias personales o debates políticos. Siempre lo había abordado con neutralidad, presentando datos y relatando casos sin exagerar. Aun así, la sorpresa en los rostros de la gente persistía. Muchos se acercaban a él después y le decían en voz baja que nunca habían considerado la marihuana un riesgo cardiovascular. Algunos incluso admitían haberla fumado, preguntándoles si debían preocuparse. Él respondía con sinceridad, diciéndoles que el riesgo aumentaba con la frecuencia, la duración y el método de consumo. Les explicaba lo que había visto y por qué le preocupaba profundamente, y sus expresiones pasaban del interés casual a la preocupación reflexiva.

A lo largo de los años, también observó cómo la cultura de la marihuana moldeaba la negación. La gente creía en sus orígenes naturales, igual que otros creían en los remedios caseros transmitidos de generación en generación. Recordó a un paciente que insistió con voz perpleja en que la marihuana era solo una planta, y que entonces, ¿cómo podía causar el mismo daño que los cigarrillos? Él le respondió con amabilidad que el tabaco también era una planta, y que el peligro no residía en la hoja, sino en la combustión, la inhalación de los subproductos de la combustión y la acumulación de toxinas en el cuerpo. El paciente asintió lentamente, asimilando la explicación en silencio, y el Dr. London volvió a ver la brecha entre la creencia pública y la realidad médica.

Sin embargo, a pesar de las ideas erróneas, abordó a cada paciente con la misma paciencia inquebrantable. Comprendía que las personas no malversaban la información intencionalmente; simplemente seguían las narrativas que les resultaban reconfortantes o familiares. Pero también comprendía la importancia de dar a conocer estos riesgos, de usar sus años de experiencia para desafiar la creencia de que el humo de la marihuana era benigno o inofensivo. Cada pulmón ennegrecido que había visto, cada arteria obstruida inesperadamente, cada cirugía que revelaba un daño desproporcionado, le recordaban la importancia de este mensaje.

En los últimos años de su carrera, su convicción se consolidó aún más. Vio a pacientes más jóvenes desarrollar problemas cardíacos que antes se observaban principalmente en poblaciones de mayor edad. Vio un aumento en los casos de dolor de pecho relacionado con el consumo de cannabis, especialmente en quienes vapeaban o fumaban productos de alta potencia. Y vio que la gente seguía creyendo que el humo de la marihuana seguía reglas diferentes a las del humo de cualquier otra sustancia. Cada caso lo acercaba a la conclusión de que un libro como este era necesario, que alguien con experiencia directa debía hablar con claridad sobre lo que sucedía en los cuerpos de todo el país.

Cuando finalmente decidió escribir sobre ello, abordó la tarea con la misma constancia con la que se concentraba en el quirófano. Quería que los lectores sintieran lo que él había sentido al abrir esos tórax, que comprendieran lo que había entendido cuando los pulmones contaban sus historias silenciosas. Sabía que no podía llevarlos físicamente al quirófano, pero sí podía acercarlos lo suficiente para que vieran la verdad: que el cuerpo humano lo registra todo, que lo natural no garantiza la seguridad y que ignorar los riesgos no protege a nadie de sus consecuencias.

Al reflexionar sobre veinticinco años de cirugías, conversaciones postoperatorias y revelaciones difíciles, sintió la profunda responsabilidad de compartir lo aprendido. Este libro fue su intento de traducir el lenguaje de los pulmones y las arterias a palabras comprensibles para la gente. Para él, el mensaje no se trataba de juicio ni miedo, sino de claridad, conciencia y prevención. El quirófano le había mostrado lo que muchos nunca verían, y creía que era hora de abrir el telón para todos los que estuvieran dispuestos a escuchar.

Los pulmones que había operado, los corazones que había reparado y los pacientes con los que había hablado formaron los capítulos de su vida profesional. Y en cada uno de esos capítulos, había surgido una lección, constante e innegable: el humo, sin importar su origen, dejaba huella. Había pasado décadas limpiando las consecuencias. Ahora, con este libro, esperaba ayudar a otros a evitarlas.

Capítulo 3 – El humo es humo: para qué fueron diseñados realmente los pulmones

Los pulmones siempre habían sido una de las estructuras más elegantes del cuerpo humano, un par de máquinas silenciosas y rítmicas que funcionaban sin quejarse siempre que se les diera lo que originalmente estaban diseñadas para manejar: aire limpio. El Dr. London a menudo reflexionaba sobre su simplicidad y perfección durante las largas noches en el hospital, cuando se sentaba en la tenue luz de la sala de cirujanos a revisar las exploraciones de los pacientes. Era la misma idea que se repetía a lo largo de los años: que los pulmones habían evolucionado con un solo propósito: el intercambio de gases, el intercambio de oxígeno por dióxido de carbono en un ciclo tan eficiente que incluso la más mínima interrupción podía derivar en enfermedad. Sin embargo, la gente los trataba como si fueran filtros, capaces de procesar cualquier sustancia que decidieran inhalar, como si los pulmones albergaran una resiliencia secreta que los humanos hubiéramos inventado en lugar de heredar de la naturaleza.

Recordó haber hablado con un grupo de médicos internos al principio de su carrera. Habían estado observando diagramas de alvéolos —pequeños sacos agrupados como uvas en los extremos de bronquiolos ramificados— y él había intentado explicarles la verdadera fragilidad de esas estructuras. Les dijo que cada par de pulmones contenía unos 300 millones de alvéolos, cada uno más delgado que una hoja de papel, rodeado de capilares aún más delgados. Les había explicado que toda su función dependía de mantener esa delicada delgadez, porque el oxígeno solo podía pasar a través de tejido que no ofrecía resistencia. Los internos escuchaban con la fascinación que produce aprender algo nuevo, pero él se preguntaba entonces si incluso ellos comprendían lo profundamente inadecuados que eran los pulmones para manejar el humo.

Con el paso de los años, aprendió que la mayoría de las personas ajenas al mundo médico creían que los pulmones eran más robustos de lo que realmente eran. Imaginaban los pulmones como sacos robustos capaces de expulsar toxinas con una buena tos o unas cuantas respiraciones profundas. La suposición popular era que, dado que los pulmones procesaban el aire constantemente, también debían ser capaces de procesar impurezas sin mucho coste. Esta creencia se había fortalecido a medida que la sociedad adoptaba la idea de los productos "naturales". Cuando la marihuana se aceptó ampliamente como orgánica e inocua, muchos interpretaron esa etiqueta como que quemarla e inhalarla era igualmente inofensivo. La lógica parecía ser que cualquier cosa cultivada en tierra conservaba la pureza de sus orígenes. Pero el Dr. London había visto, una y otra vez, lo que sucedía cuando esa suposición chocaba con la fisiología.

En una ocasión, le explicó a una paciente que el oxígeno no solo se inhalaba, sino que se disolvía a través de una membrana tan fina que parecía milagroso que pudiera mantenerse unida. La paciente, una mujer de mediana edad que había fumado marihuana durante años, le preguntó con voz confusa si los pulmones no tenían una capacidad natural para limpiarse. Él respondió que los pulmones podían eliminar pequeñas partículas con la ayuda de cilios —diminutas estructuras similares a pelos que barrían los residuos hacia arriba—, pero que su sistema de limpieza se parecía más a una escoba delicada que a una aspiradora industrial. Las partículas de humo, las gotitas de alquitrán y la materia orgánica quemada saturaban rápidamente esos sistemas, adhiriéndose a las superficies e interrumpiendo los suaves movimientos que se habían desarrollado durante millones de años para mantener los pulmones limpios.

Lo que la mayoría de la gente no entendía, pensaba a menudo, era que el humo no era simplemente aire teñido de sabor u olor; era una compleja mezcla de diminutas partículas, gases, sustancias químicas y toxinas producidas por la combustión. Ya fuera tabaco, marihuana, madera, incienso o incluso hierbas orgánicas, el proceso de combustión en sí mismo creaba sustancias que los pulmones no estaban diseñados para absorber. A veces describía el humo como una tormenta de metralla microscópica, cada partícula lo suficientemente pequeña como para evadir las defensas del cuerpo e incrustarse en los tejidos. Algunas partículas causaban inflamación, otras generaban estrés oxidativo y muchas simplemente no salían de los pulmones.

Recordó un momento de su residencia cuando observó por primera vez una diapositiva de patología que mostraba los pulmones de un paciente que inhalaba humo con regularidad. La diapositiva revelaba depósitos negros dispersos por el tejido pulmonar, como granos de hollín. Su médico supervisor los señaló y dijo con naturalidad que estos depósitos podían permanecer en los pulmones durante décadas. El Dr. London observó la diapositiva, dándose cuenta de lo ingenuo que había sido al suponer que los pulmones expulsaban todo lo dañino. Esa simple observación moldeó su comprensión durante años: que los pulmones acumulaban el historial de lo que las personas inhalaban, registrándolo en un tejido que no se podía limpiar.

Pensaba a menudo en los millones de alvéolos cuya función dependía de permanecer abiertos, elásticos y sin obstrucciones. Cada alvéolo requería paredes delgadas para maximizar la transferencia de oxígeno. Si la inflamación engrosaba esas paredes, el intercambio se ralentizaba. Si el alquitrán cubría esas superficies, el intercambio se debilitaba aún más. Si la irritación crónica endurecía el tejido circundante, los pulmones luchaban por expandirse. Y cuando los pulmones luchaban, el corazón luchaba con ellos, bombeando con más fuerza para compensar la reducción del suministro de oxígeno. Había presenciado tal tensión en innumerables cirugías, con el corazón trabajando a destajo mientras los pulmones mostraban las inconfundibles cicatrices de años de exposición al humo.

Al hablar públicamente sobre los peligros del humo de la marihuana, a veces intentaba usar analogías para ayudar a la audiencia no médica a comprender. Comparó los pulmones con una esponja diseñada para absorber agua. Si alguien vertía aceite sobre la esponja, al principio absorbería agua, pero poco a poco, el aceite se filtraría por los poros, cubriría las superficies y alteraría la estructura de la esponja permanentemente. Con el tiempo, la esponja se volvería rígida y menos capaz de funcionar como debería. El humo actuaba como ese aceite, cubriendo y obstruyendo hasta que la suavidad y elasticidad naturales del tejido pulmonar dieron paso a irritación y rigidez crónicas.

Observó cómo la gente se sorprendía a menudo cuando describía cómo el simple acto de quemar una planta creaba miles de sustancias químicas, muchas de las cuales eran dañinas independientemente de su origen. Le preguntaban con sorpresa si el humo de la marihuana contenía alquitrán, y él respondía que sí, como cualquier humo. Explicaba que el alquitrán no era una sustancia específica del tabaco, sino una categoría de partículas pegajosas y ricas en carbono que se creaban al quemar materia orgánica. Siempre veía la misma incredulidad, una vacilación nacida de la imagen cultural de la marihuana como algo limpio y puro.

Sin embargo, los pulmones no distinguían la pureza basándose en la percepción cultural. Reaccionaban únicamente a la química.

Durante una cirugía, recordó haber visto una cicatriz inesperada en el lóbulo superior del pulmón derecho de un paciente. El paciente tenía poco más de cuarenta años y afirmaba gozar de excelente salud. Cuando el hombre despertó más tarde y el Dr. London le comentó los hallazgos, el paciente preguntó con voz sorprendida si fumar marihuana por sí sola podía causar tal daño. El Dr. London respondió que los pulmones reaccionaban al humo de la marihuana de la misma manera que al de cualquier otra planta. Explicó cómo la irritación crónica causada por la inhalación repetida de humo caliente y lleno de partículas podía provocar cicatrices, inflamación y reducción de la capacidad pulmonar. El paciente escuchó en silencio, asimilando la información como si la oyera por primera vez.

Lo que más preocupaba al Dr. London era la idea errónea de que los pulmones se beneficiaban de alguna manera al fumar sustancias naturales. La gente quemaba salvia, hierbas, cannabis y otras plantas creyendo que la pureza de su origen hacía que el acto fuera inofensivo o incluso curativo. Pero todo producto de la combustión que llegaba a los pulmones provocaba inflamación. No era la planta lo que importaba, sino la combustión. Los pulmones habían evolucionado para esperar aire con cierta proporción de oxígeno y nitrógeno, y cualquier desviación de esa expectativa, incluso pequeña, podía causar problemas.

A menudo reflexionaba sobre cómo la evolución había dotado a los humanos de un sistema respiratorio de extraordinaria eficiencia. Los pulmones podían oxigenar todo el cuerpo en segundos, alimentando cada órgano, desde el cerebro hasta los dedos de los pies. Pero esta eficiencia conllevaba vulnerabilidad. Dado que los pulmones permitían el acceso directo al torrente sanguíneo a través de membranas delgadas, cualquier sustancia inhalada que no fuera aire tenía un atajo hacia el cuerpo. Esto convertía la inhalación en una vía de exposición potencialmente dañina, y el humo era una de las exposiciones más dañinas.

Recordó haber leído investigaciones al principio de su carrera que demostraban cómo ciertas partículas del humo aceleraban el envejecimiento pulmonar. Las células expuestas al humo se descomponían más rápidamente, perdían elasticidad y se volvían susceptibles a infecciones y enfermedades crónicas. Estudios posteriores confirmaron que tanto el humo de la marihuana como el del tabaco contenían muchos de los mismos contaminantes nocivos, como partículas finas, compuestos orgánicos volátiles y carcinógenos. La gente reaccionó con sorpresa cuando compartió esta información, como si la marihuana hubiera escapado de alguna manera a las leyes de la física que rigen la combustión. Pero la ciencia había sido clara: el proceso de combustión producía sustancias nocivas independientemente de lo que se quemara.

En una ocasión, una joven que consumía marihuana para aliviar el estrés le preguntó si vapear era más seguro porque no implicaba combustión. Él le explicó que, si bien vapear evitaba la combustión, conllevaba sus propios riesgos: aditivos químicos, partículas ultrafinas y calor extremo que, aun así, podían irritar los pulmones. Le explicó con voz tranquila que los pulmones no toleraban ninguna sustancia que no fuera aire limpio. Ella asintió lentamente, dándose cuenta de que su cuerpo había estado acumulando silenciosamente las consecuencias de sus decisiones.

Al Dr. London siempre le había parecido curioso cómo la gente cuidaba lo que comía, pero se despreocupaba de lo que inhalaba. Leían las etiquetas, evitaban los ingredientes artificiales y seguían dietas promocionadas como limpias o naturales, pero inhalaban humo sin considerar la carga que suponía para su sistema respiratorio. El humo no aportaba ningún valor nutritivo, ningún beneficio, ninguna ventaja; solo daños. Había visto pulmones colapsar, endurecerse, cicatrizarse y obstruirse debido a la exposición a sustancias que nunca habían sido diseñados para procesar.

En el hospital, observó las consecuencias directas. Vio a pacientes con dificultades para respirar tras décadas de inhalar humo de cualquier tipo. Vio a jóvenes que creían que la marihuana era inofensiva entrar con tos crónica, capacidad pulmonar reducida y primeros signos de daño en las vías respiratorias. Vio a adultos mayores que creían que su consumo de marihuana era medicinal desarrollar complicaciones respiratorias similares a las de los fumadores habituales. En todos los casos, los pulmones contaban la misma historia: habían sido sobrecargados, irritados y debilitados por algo que no estaban preparados para soportar.

A medida que continuaba escribiendo el libro, intentó expresar con palabras el respeto que sentía por los pulmones y su delicada estructura. Quería que los lectores comprendieran lo que había visto, no a través de la terminología médica, sino con la simple verdad de que los pulmones estaban diseñados para una función excepcionalmente buena, y que introducir humo en ellos socavaba por completo ese diseño. Quería que vieran la belleza de su función y el peligro de asumir que podían soportar más de lo previsto por la naturaleza.

El mensaje principal que pretendía transmitir era claro: los pulmones eran instrumentos de respiración, no filtros de combustión. Habían evolucionado para llevar oxígeno al cuerpo con asombrosa precisión, no para soportar la carga del humo, de cualquier humo. La idea errónea de que el humo orgánico era seguro, que el humo de hierbas curaba o que el humo de marihuana estaba, de alguna manera, exento de consecuencias, había persistido durante demasiado tiempo. Creía que una vez que los lectores comprendieran la fisiología básica —la fragilidad, el propósito, las limitaciones—, verían lo poco realistas que eran estas creencias.

En sus veinticinco años de experiencia, había aprendido que el cuerpo humano hablaba un lenguaje claro e inquebrantable. Los pulmones, en particular, se comunicaban a través de su estado. Revelaban inflamación, daño, enfermedad y recuperación con la misma honestidad. No mentían, ni siquiera cuando la gente se mentía a sí misma. Y para el Dr. London, esa verdad constituía la base de todo lo que escribía: que los pulmones habían sido diseñados para el oxígeno, y que en el momento en que el humo entraba en ellos, comenzaba su carga.

Capítulo 4 – La carga cardiovascular de la marihuana: lo que muestran las investigaciones

La historia de la marihuana y el corazón humano no es nueva, pero a menudo se ve eclipsada por la celebración cultural, los cambiantes marcos legales y un aura de inocuidad. Durante décadas, la marihuana se ha considerado un escape, un relajante, un bálsamo para la mente inquieta. Sin embargo, dentro del cuerpo —donde el corazón late con firmeza— se desarrolla una narrativa más silenciosa, guiada no por la opinión, sino por la biología del estrés, la demanda y la vulnerabilidad. Cuando los investigadores comenzaron a mapear los efectos cardiovasculares de la marihuana, descubrieron un patrón que reflejaba lo que se sabe desde hace tiempo sobre los factores de estrés más tradicionales para el corazón. La historia era sutil pero persistente: la marihuana sobrecarga el sistema cardiovascular de maneras que evocan las primeras etapas de la tensión cardíaca observadas en otros factores de riesgo bien conocidos.

En el momento en que el THC entra en el torrente sanguíneo, el cuerpo responde con una serie de reacciones predecibles. La mayoría de los consumidores describen una oleada de calma o una disminución de la tensión, pero bajo esa sensación placentera, la adrenalina y la actividad del sistema nervioso simpático aumentan. El ritmo cardíaco comienza a acelerarse. Los vasos sanguíneos se preparan para una sutil constricción, y el corazón, al trabajar repentinamente con más fuerza, demanda más oxígeno para mantener este ritmo acelerado. Los investigadores que presenciaron por primera vez este fenómeno en entornos controlados notaron su consistencia. Era como si el cuerpo, convencido de que se enfrentaba a un estimulante en lugar de a un sedante, reaccionara con alarma en lugar de tranquilidad.

En uno de los primeros estudios de laboratorio, se monitoreó a adultos jóvenes sin antecedentes cardíacos tras consumir marihuana con concentraciones controladas de THC. Los sensores rastrearon los picos de frecuencia cardíaca, que subían en cuestión de minutos y se mantenían elevados durante casi media hora antes de estabilizarse lentamente. Los participantes hablaban en voz baja, describiendo sensaciones de bienestar o euforia, pero sus cuerpos contaban una historia diferente. El corazón latía con más fuerza, más rápido y demandaba oxígeno a un ritmo que las expresiones faciales relajadas de los participantes no revelaban. Los investigadores observaron que esta frecuencia cardíaca elevada (taquicardia) no era un aumento leve. En muchos casos, duplicaba la frecuencia basal, creando un estado temporal en el que el corazón se comportaba como si la persona estuviera haciendo ejercicio vigorosamente a pesar de estar sentada.

Este aumento de la frecuencia cardíaca no es un detalle trivial. La demanda de oxígeno del corazón aumenta proporcionalmente con cada latido. En una persona sana, los vasos coronarios responden dilatándose, suministrando sangre oxigenada adicional para compensar el aumento de trabajo. Pero la marihuana no permite que este ajuste se produzca de forma fluida. En cambio, el THC y otros componentes del humo influyen en el tono de los vasos sanguíneos, propiciándolos hacia la constricción en lugar de la dilatación. Las arterias coronarias se estrechan ligeramente, reduciendo la facilidad con la que la sangre puede fluir. El resultado es un desajuste: el corazón demanda más oxígeno, pero los vasos suministran menos. Este desequilibrio crea el mismo tipo de estrés que los médicos observan en personas con angina de pecho o en riesgo de sufrir un evento cardíaco.

Más allá de la frecuencia cardíaca y la vasoconstricción, el THC interactúa con el revestimiento endotelial de los vasos sanguíneos, la delicada superficie interna que regula la coagulación, la inflamación y la flexibilidad vascular. Este revestimiento es muy sensible a las toxinas, las hormonas del estrés y los desencadenantes inflamatorios. En el caso de la marihuana, tanto las toxinas del humo como el THC interfieren con el funcionamiento normal del endotelio. Estudios que examinaron las células endoteliales in vitro registraron un aumento repentino de los marcadores inflamatorios tras la exposición a extractos de humo de marihuana, similar a la respuesta observada cuando las células se exponen al humo del tabaco. Las células mostraron una capacidad reducida para regular el óxido nítrico, una molécula necesaria para mantener los vasos sanguíneos relajados y sanos. Sin una cantidad adecuada de óxido nítrico, los vasos sanguíneos se vuelven rígidos, reactivos y propensos a la constricción.

En condiciones reales, esta disfunción endotelial contribuye significativamente a la carga cardiovascular. Los vasos sanguíneos pierden parte de su capacidad de respuesta natural, lo que les dificulta adaptarse a los aumentos repentinos de la carga de trabajo del corazón. Con el tiempo, la exposición repetida a este entorno de estrés fomenta la inflamación, y esta inflamación —lenta, persistente e inadvertida— se convierte en precursora de la acumulación de placa, la lesión vascular y, finalmente, la enfermedad cardiovascular.

Una línea de investigación particularmente convincente surgió de amplios estudios epidemiológicos que rastrearon ingresos hospitalarios, visitas a urgencias e incidentes cardiovasculares en poblaciones donde el consumo de marihuana se había normalizado cada vez más. Si bien estos estudios no afirmaron una relación causal directa, observaron patrones consistentes. Adultos jóvenes, previamente considerados de bajo riesgo de problemas cardíacos, reportaban dolor torácico repentino, arritmias y, en casos raros pero alarmantes, ataques cardíacos después del consumo de marihuana. Los equipos médicos involucrados en estos casos a menudo relataban cómo los pacientes creían que la marihuana era inofensiva, algo natural, una planta sin los peligros asociados con sustancias como el tabaco o el alcohol. Sin embargo, la realidad biológica revelaba una verdad diferente: una en la que el estrés coronario y las reacciones inflamatorias se desarrollaban silenciosamente en un segundo plano.

Los estudios en animales aportaron mayor claridad. Los investigadores observaron cómo el THC interactuaba con el músculo cardíaco, no solo con los vasos sanguíneos que lo irrigan. Modelos de roedores expuestos a dosis regulares de THC mostraron cambios sutiles pero mensurables en la fuerza contráctil del corazón. Algunos mostraron signos tempranos de estrés oxidativo, un desequilibrio bioquímico en el que los radicales libres superan las defensas antioxidantes del organismo. El estrés oxidativo es un conocido disruptor de la función cardíaca. Debilita el músculo con el tiempo, provoca cambios estructurales y propicia las anomalías del ritmo cardíaco.

El estrés oxidativo también afecta a las mitocondrias, las centrales energéticas de las células cardíacas. Cuando las mitocondrias fallan, el suministro de energía para cada latido disminuye. En modelos expuestos a la marihuana, la eficiencia mitocondrial pareció verse comprometida tras la exposición repetida. El corazón, obligado a latir con más fuerza debido a la frecuencia cardíaca elevada y la constricción vascular, se encontró paradójicamente con un suministro de energía reducido. La combinación no fue catastrófica a corto plazo, pero la tensión se acumuló gradualmente, imitando las primeras etapas del estrés cardíaco que se observan en afecciones relacionadas con el estilo de vida, como la hipertensión y el tabaquismo.

Los informes de casos de autopsias humanas aportaron un nuevo matiz a la narrativa. Si bien fueron poco frecuentes, se documentaron casos de muerte súbita cardíaca en los que la marihuana fue la única sustancia detectada. Estos incidentes, aunque no constituyeron una prueba definitiva, llevaron a los investigadores a cuestionar el papel de las arritmias. El THC puede alterar el sistema de conducción eléctrica del corazón, aumentando la susceptibilidad a ritmos irregulares. Algunos estudios identificaron cambios en el intervalo QT (una medida relacionada con el ciclo eléctrico del corazón) tras la exposición al THC. Un intervalo QT prolongado puede predisponer a las personas a arritmias peligrosas, especialmente durante períodos de frecuencia cardíaca elevada. Esta interacción, sutil pero impactante, ilustró cómo la estabilidad eléctrica del corazón podría verse comprometida por la marihuana de maneras que los consumidores nunca anticiparon.

Incluso los hábitos de tabaquismo recreativo contribuían al estrés cardiovascular. Muchos consumidores inhalan profundamente y aguantan la respiración para maximizar la absorción de THC. Esta maniobra de retención de la respiración, conocida médicamente como respuesta de Valsalva, reduce temporalmente el flujo sanguíneo al corazón y al cerebro. Al soltar el aire, la presión arterial se dispara. El corazón entra en un ciclo de ajuste rápido, lidiando con las fluctuaciones de presión y el suministro de oxígeno. Con el tiempo, estas fluctuaciones se asemejan a las microtensiones repetidas que los investigadores observan en personas expuestas a factores de riesgo cardiovascular crónicos.

Otra dimensión de la carga cardiovascular de la marihuana es su interacción con afecciones preexistentes. Diversas observaciones clínicas demostraron que las personas con hipertensión, diabetes, colesterol alto o vulnerabilidades genéticas enfrentan riesgos desproporcionadamente mayores al consumir marihuana. Sus corazones, que ya soportaban el estrés constante y la salud vascular comprometida, reaccionaron con mayor intensidad a los efectos agudos del THC. Para un adulto joven sano, un aumento de la frecuencia cardíaca podría ser tolerable. Para alguien con vasos sanguíneos estrechos o flujo sanguíneo deficiente, el mismo pico podría llevarlo a una zona peligrosa. Los cardiólogos describieron casos en los que la marihuana actuó como un punto de inflexión, convirtiendo afecciones crónicas manejables en emergencias agudas.

Además, el mercado moderno de productos de marihuana intensificó estos riesgos. Las concentraciones de THC en las cepas contemporáneas son significativamente más altas que las observadas en décadas anteriores. Los comestibles, aceites y concentrados a menudo ofrecen dosis que superan con creces las que se fuman tradicionalmente. Los niveles más altos de THC amplifican las reacciones fisiológicas: picos más fuertes de la frecuencia cardíaca, constricción vascular más profunda e inflamación más pronunciada. Los servicios de urgencias informaron que los pacientes que consumían comestibles con frecuencia subestimaban su potencia, lo que provocaba episodios de ansiedad extrema, palpitaciones, dolor torácico y taquicardia. El inicio tardío de los efectos de los comestibles implicaba que, en ocasiones, los usuarios consumían dosis adicionales prematuramente, solo para experimentar un aumento de la tensión cardiovascular una vez que los efectos finalmente se manifestaban.

El método de inhalación también es importante. Ya sea quemada, vaporizada o calentada, la marihuana libera una mezcla de sustancias químicas que viajan a través de los pulmones hasta el torrente sanguíneo. El humo de combustión introduce monóxido de carbono, alquitrán y partículas que dañan directamente el revestimiento endotelial. Los aceites para vapear, que antes se consideraban una alternativa más segura, generaron sus propias complicaciones cardiovasculares, incluyendo la inflamación causada por disolventes aerosolizados. Una investigación que examinó las células endoteliales expuestas a aerosoles de vapeo reveló alteraciones similares en la producción de óxido nítrico que las observadas con la exposición al humo, lo que sugiere que el riesgo cardiovascular no se limitaba a los métodos tradicionales de fumar.

La inflamación provocada por la marihuana, en particular su consumo crónico, es otro factor clave que contribuye a la carga cardiovascular. La inflamación no siempre es llamativa ni drástica. Puede ser sutil, latente bajo la superficie, llevando al cuerpo a una vulnerabilidad a largo plazo. Se ha detectado un nivel elevado de proteína C reactiva (un marcador de inflamación sistémica) en algunos consumidores habituales de marihuana. Los niveles elevados de PCR están fuertemente asociados con el riesgo de enfermedad cardiovascular. Al combinarse con el deterioro vascular causado por el THC y el humo, esta inflamación leve se convierte en un precursor de la acumulación de placa, el endurecimiento vascular y, finalmente, la enfermedad coronaria.

Otra línea de investigación exploró la interacción de la marihuana con las plaquetas, los componentes sanguíneos responsables de la coagulación. El THC parece influir en la activación plaquetaria, aumentando su tendencia a agruparse. Este efecto, aunque moderado, se vuelve problemático cuando se combina con la constricción vascular y la inflamación. Un vaso sanguíneo estrecho, revestido de células endoteliales inflamadas y disfuncionales, es mucho más susceptible a la obstrucción cuando las plaquetas se vuelven hiperactivas. Algunos informes de casos de adultos jóvenes que sufrieron accidentes cerebrovasculares tras el consumo de marihuana destacaron esta interacción bioquímica. Aunque poco frecuentes, estos eventos subrayaron la posibilidad de anomalías en la coagulación en individuos susceptibles.

A pesar de los patrones consistentes observados en los estudios, la reputación de la marihuana como una sustancia inocua o de bajo riesgo persiste. Parte de esta discrepancia se debe al contraste entre cómo se siente y cómo se comporta en el cuerpo. Los consumidores suelen describir relajación, calma y tranquilidad mental, sensaciones que parecen incompatibles con el esfuerzo cardiovascular. Esta discordancia crea una ilusión de seguridad. Fomenta la creencia de que algo que se siente relajante no puede ser dañino. Sin embargo, el corazón responde no a la percepción, sino a la química. El THC y los componentes del humo inician reacciones fisiológicas que continúan independientemente de si el consumidor se siente eufórico o relajado.

A medida que la marihuana se legaliza y se acepta socialmente, la brecha entre la percepción y la realidad biológica se amplía. Las conversaciones públicas celebran los usos terapéuticos, la libertad cultural y la elección personal. Pocas discusiones abordan la perspectiva del corazón. Los cardiólogos suelen explicar que el peligro no es dramático ni inmediato para la mayoría de los consumidores. En cambio, es acumulativo: una lenta superposición de respuestas al estrés, inflamación, deterioro vascular y sensibilidad eléctrica. Esta acumulación refleja las primeras etapas de las enfermedades cardiovasculares tradicionalmente asociadas con el envejecimiento o factores crónicos del estilo de vida. La diferencia radica en el momento oportuno. Con la marihuana, estos cambios pueden comenzar antes, influenciados no por décadas de hábitos, sino por la exposición repetida a una sustancia que se considera inofensiva.

Ninguno de estos hallazgos sugiere que la marihuana sea universalmente catastrófica para el sistema cardiovascular. En cambio, ofrecen un panorama más matizado: uno que reconoce la complejidad del corazón humano y su vulnerabilidad a cualquier agente que altere su delicado equilibrio. La historia que se revela a través de la investigación no es alarmista, sino clara. El corazón opera dentro de estrechos márgenes de seguridad. Cuando estos márgenes se ven constantemente desafiados por una frecuencia cardíaca elevada, una mayor demanda de oxígeno, vasoconstricción, deterioro de la función endotelial e inflamación crónica, las consecuencias a largo plazo se vuelven más probables.

Lo que las investigaciones demuestran consistentemente es que la marihuana se comporta como otros factores de estrés cardiovascular de maneras relevantes. Acelera la frecuencia cardíaca como los estimulantes, contrae los vasos sanguíneos como la nicotina, altera la función endotelial como la contaminación, desencadena inflamación como el estrés crónico e influye en las vías de coagulación como ciertos trastornos metabólicos. No es lo mismo que ninguno de estos factores de riesgo, pero los refleja, amplificando vulnerabilidades que, de otro modo, podrían permanecer latentes.

Comprender la carga cardiovascular de la marihuana no se trata de juzgar ni prohibir. Se trata de concientizar. Se trata de reconocer que el corazón, aunque resiliente, responde a la química con precisión y honestidad. Se trata de ver más allá de las sensaciones placenteras y reconocer la realidad biológica que las acompaña. La investigación no condena la marihuana por completo, pero sí arroja luz sobre la tensión que ejerce sobre el sistema responsable de mantener la vida, latido a latido. Y en esa iluminación, se ofrece a los lectores la oportunidad de tomar decisiones informadas, decisiones basadas no en la narrativa cultural, sino en la verdad científica.

Capítulo 5 – Un riesgo de ataque cardíaco de 1,3 a 2 veces mayor: comprensión de las cifras

Las cifras comenzaron a aparecer discretamente en artículos de investigación mucho antes de que el público supiera qué interpretarlas. Al principio eran pequeñas: fracciones, decimales, razones de riesgo ocultas entre la jerga clínica y densas tablas estadísticas. Pero a medida que se compilaban estudios, se revisaban los registros hospitalarios y se reexaminaban los historiales de los pacientes, surgió un patrón con una consistencia sorprendente. Los fumadores de marihuana no solo lidiaban con un aumento temporal de la frecuencia cardíaca o un momento pasajero de tensión vascular. Se enfrentaban a algo más trascendental, algo medible. Los consumidores mostraron un riesgo de 1,3 a 2 veces mayor de infarto y enfermedad coronaria en comparación con los no consumidores. La declaración del Dr. London, pronunciada con calma y naturalidad durante una conferencia de salud pública, había cobrado peso precisamente por su simplicidad. Afirmó que «el riesgo aumenta entre 1,3 y 2 veces». Sin exageraciones. Sin advertencias vagas. Solo cifras basadas en observaciones repetidas y verificables.

Cuando estas cifras se escuchan a la ligera, suenan inofensivas para el oído inexperto. Duplicar algo que se percibe raro o lejano no inspira temor inmediato. La gente oye proporciones, no vidas. Oye estadísticas, no el latido de un corazón que supera su umbral. Sin embargo, cada cifra cuenta una historia, y esas historias se desarrollan en las salas de examen, los servicios de urgencias y los hogares, donde los síntomas se ignoran hasta que ya no es posible. El aumento de 1,0 a 1,3 suena modesto: solo un 30 %. Pero para los cardiólogos, ese cambio marca la diferencia entre una estabilidad predecible y una crisis inesperada. Y el doble de riesgo, la duplicación, es el tipo de cambio que convierte un panorama manejable en un campo de trampas.

Para comprender la gravedad de este rango aparentemente pequeño, es necesario comprender la historia de otros riesgos cardiovasculares comunes. La hipertensión arterial es bien conocida por dañar las arterias debido a la presión constante. Aumenta el riesgo de infarto aproximadamente al doble cuando no se controla adecuadamente. El colesterol alto aumenta el riesgo en márgenes similares, especialmente cuando las partículas LDL se infiltran en las paredes de los vasos y forman placa. Fumar cigarrillos aumenta el riesgo de infarto de dos a cuatro veces, dependiendo de la exposición a lo largo de la vida. Durante décadas, estas cifras ayudaron a los médicos a comprender el panorama de las enfermedades cardíacas: eran acumulativas, predecibles y prevenibles. Sin embargo, a medida que el consumo de marihuana se generalizó, una nueva variable entró en el modelo, y sus cifras comenzaron a alinearse con las del riesgo vascular.

Los investigadores notaron la correlación por primera vez cuando adultos jóvenes —personas que habían vivido décadas sin padecer problemas cardíacos tradicionales— comenzaron a acudir a urgencias con molestias en el pecho, arritmias y, en casos raros pero muy preocupantes, infartos de miocardio. Los médicos se quedaron perplejos al ver que estas personas carecían de los perfiles de riesgo típicos. Su presión arterial solía ser normal. Su colesterol, bajo. Su historial familiar, limpio. Se trataba de personas que corrían maratones, levantaban pesas o vivían con la despreocupada confianza de la juventud. Lo que conectaba a muchos de ellos era el consumo de marihuana, no ocasional sino habitual, integrado en su tiempo libre, sus mecanismos de afrontamiento o sus rituales diarios. Cuando el Dr. London y sus colegas analizaron las cifras con más detenimiento, descubrieron que el patrón era demasiado consistente como para ignorarlo.

Un equipo de cardiología examinó los perfiles de pacientes menores de cuarenta años ingresados por síndromes coronarios agudos. Las cifras llamaron la atención de inmediato. Un número desproporcionado había consumido marihuana en las horas previas al evento. Los análisis toxicológicos, las entrevistas con los pacientes y las declaraciones de testigos que corroboraban el cuadro presentaban el mismo panorama. La opresión en el pecho había aparecido repentinamente, a menudo después de fumar o consumir concentrados con alto contenido de THC. Un paciente del estudio describió el dolor como "una presión intensa que se sentía como si alguien le hubiera puesto una piedra debajo de las costillas". Otro mencionó cómo al principio lo había ignorado, creyendo que se trataba de ansiedad provocada por el efecto. Los médicos de urgencias relatarían más tarde cómo estas personas llegaron confundidas, asustadas e incapaces de aceptar la idea de que algo destinado a relajarlas pudiera causarles un gran dolor cardíaco.

Las cifras siguieron a estas historias. Los datos mostraron que, en la primera hora tras el consumo de marihuana, el riesgo de infarto casi se quintuplicó, pero el riesgo crónico a largo plazo se estabilizó en el rango, ahora ampliamente citado, de 1,3 a 2 veces. El pico agudo se debió al aumento repentino de la frecuencia cardíaca, la constricción vascular y la demanda de oxígeno. Pero el aumento crónico (el riesgo de 1,3 a 2 veces) se debió al estrés repetido, de forma similar a cómo se acumulan pequeñas grietas en un puente con cada camión que pasa.

Cuando el Dr. London explicó las cifras, utilizó comparaciones que facilitaban la comprensión de los riesgos. En una ocasión, explicó a un público que si cincuenta mil personas con un riesgo basal normal consumieran marihuana con regularidad, el número de infartos atribuibles a dicho consumo aumentaría notablemente. No se trataría de una epidemia, pero sí sería innegable. Explicó que el aumento del riesgo no se producía de forma aislada. Si alguien ya padecía hipertensión, añadir marihuana aumentaba su riesgo general de forma acumulativa. Las cifras no se acumulaban, sino que se entrelazaban.

Consideremos al joven con hipertensión limítrofe. Sus vasos sanguíneos ya presentaban una tensión leve. Si se le añade marihuana, la constricción vascular se intensifica repentinamente, la frecuencia cardíaca se acelera y los marcadores inflamatorios aumentan. Su perfil de riesgo, que ya roza el peligro, se dispara. En lugar de una situación manejable, se enfrenta a un riesgo similar al de alguien diez años mayor, alguien con cargas adicionales. Un patrón similar surge en quienes tienen colesterol alto. El THC y la disfunción endotelial inducida por el humo deterioran la flexibilidad vascular. Las partículas LDL se infiltran con mayor facilidad en las paredes vasculares inflamadas. Con el tiempo, la placa se forma más rápidamente, estrechando las arterias silenciosamente hasta que el estrechamiento ya no puede ignorarse.

El aspecto más sorprendente de las cifras es su impacto en los adultos jóvenes. Durante años, se creyó que los ataques cardíacos eran cosa de personas de mediana edad y mayores. Pero los datos de los estudios sobre la marihuana obligaron a replantear la situación. Los adultos jóvenes no son inmunes a la física vascular. Sus vasos sanguíneos pueden ser más elásticos, su metabolismo más rápido y su recuperación más fuerte, pero la biología de la constricción, la demanda de oxígeno y la lesión endotelial no discriminan. Cuando se consume marihuana en alta potencia, especialmente junto con concentrados para vapear o dabbear, el estrés agudo que sufre el sistema cardiovascular no es trivial. Es una aceleración para el corazón: inesperada, para la que no se ha entrenado y sin beneficios.

En una revisión observacional, médicos de urgencias detallaron el caso de un hombre de veintisiete años que se desplomó tras fumar una cepa potente. No tenía antecedentes de enfermedad, ni antecedentes familiares de cardiopatías, ni hábitos de vida que levantaran sospechas. Su angiografía coronaria reveló un espasmo: una constricción repentina e intensa de una arteria coronaria. Estos espasmos pueden ocurrir en respuesta a estimulantes o estrés extremo, pero en este caso ocurrió tras inhalar humo de marihuana. El equipo de cardiología describió posteriormente cómo el vaso se había comportado como si respondiera a una amenaza, estrechándose hasta que el flujo sanguíneo casi cesó. Sobrevivió, pero su caso se incorporó a la evidencia que posteriormente orientó la declaración del Dr. London. No solo importa el riesgo a largo plazo, sino también la vulnerabilidad aguda.

Comprender estas cifras también requiere comprender el riesgo basal. Una persona sana podría tener una probabilidad absoluta baja de sufrir un infarto. Si esa probabilidad es de una entre diez mil al año, duplicar el riesgo la convierte en dos entre diez mil, un cambio aparentemente pequeño. Pero las poblaciones no están hechas de números; están hechas de individuos con diferentes vulnerabilidades. Si alguien tiene incluso un solo factor de riesgo adicional (antecedentes familiares, hipertensión leve, tabaquismo ocasional), duplicar su riesgo puede cambiar su trayectoria. Las enfermedades cardiovasculares no llegan de golpe. Se acumulan. Se arrastran. Se desarrollan a partir de pequeños incrementos que parecen inofensivos hasta que se convierten en una crisis.

Para las personas con afecciones cardíacas preexistentes, las cifras cobran aún mayor importancia. El aumento de 1,3 a 2 veces se aplica a personas por lo demás sanas. En quienes han sufrido infartos previos o enfermedad coronaria documentada, la marihuana puede aumentar aún más el riesgo. Esto se debe, en parte, a que los vasos sanguíneos enfermos no pueden compensar los aumentos repentinos de la frecuencia cardíaca o la demanda de oxígeno. Una arteria estrecha que funciona al 50 % de su capacidad puede soportar el reposo adecuadamente, pero cuando la frecuencia cardíaca se dispara, su insuficiencia se hace evidente. La tensión puede provocar la ruptura de una placa estable, desencadenando la cascada que conduce al infarto.

La percepción psicológica de la marihuana complica aún más el panorama. Muchos creen que, por ser "natural", debe ser benigna. Un cardiólogo mencionó en una ocasión durante un seminario que uno de sus pacientes más jóvenes con vasoespasmo coronario había insistido en que "solo usaba sustancias naturales". El médico le explicó, con la mayor delicadeza posible, que natural no significa seguro. La cicuta es natural. Las hojas de tabaco son naturales. La naturaleza crea muchas sustancias químicas potentes que pueden dañar el cuerpo humano si se consumen sin comprenderlas. La marihuana, a pesar de todo su potencial terapéutico y su importancia cultural, aún interactúa con el sistema cardiovascular de maneras tangibles y fisiológicamente exigentes.

A medida que surgían más estudios, las cifras se refinaban, pero nunca se contradecían. Los metaanálisis combinaron datos de miles de participantes y arrojaron índices de riesgo similares. Un estudio canadiense informó un aumento de 1,6 veces en los eventos cardiovasculares entre adultos jóvenes que consumían marihuana. Un conjunto de datos estadounidense mostró casi el doble de riesgo en consumidores habituales en comparación con quienes no la consumían. Los informes europeos coincidieron con los hallazgos. La diversidad geográfica de estos estudios demostró que la tendencia no estaba ligada a una región, población o estilo de vida en particular. Estaba vinculada a la fisiología.

Sin embargo, a pesar de la creciente evidencia, la percepción pública fue rezagada. Cuando se compararon los riesgos con los de la hipertensión o el colesterol alto, muchas personas los descartaron como menos graves porque los efectos de la marihuana son intermitentes en lugar de constantes. Pero esta comparación no reconoce cómo el estrés agudo interactúa con la vulnerabilidad crónica. La hipertensión es una fuerza lenta y constante que debilita los vasos sanguíneos con el paso de los años. La marihuana es una serie de golpes repentinos, breves, pero contundentes. Las cifras de riesgo reflejan ambas realidades. Una persona con hipertensión se enfrenta a años de daño causado por la presión. Un consumidor de marihuana se enfrenta a episodios agudos en los que el corazón se ve obligado a un esfuerzo rápido. Cuando ambos factores se presentan juntos, el peligro se magnifica, no porque alguno sea catastrófico por sí solo, sino porque sus mecanismos se combinan.

Los datos específicos por edad reforzaron aún más la gravedad del riesgo. Se descubrió que los adolescentes y adultos jóvenes, cuyos sistemas cardiovasculares aún se están desarrollando, son particularmente vulnerables a los efectos agudos de la marihuana. Su sistema nervioso autónomo, responsable de regular la frecuencia cardíaca y la respuesta vascular, reacciona con fuerza al THC. El pico de frecuencia cardíaca suele ser más pronunciado. Sus vasos sanguíneos se contraen con mayor intensidad. Su respuesta inflamatoria es más reactiva. Si bien su riesgo absoluto de infarto sigue siendo menor que el de los adultos mayores, el aumento relativo causado por la marihuana es significativo. Una duplicación del riesgo en un adulto joven puede no provocar eventos inmediatos, pero prepara el terreno para cambios vasculares que, de lo contrario, no comenzarían hasta más adelante en la vida.

Aún más reveladores fueron los estudios a largo plazo que evaluaron el calcio en la arteria coronaria, un marcador del desarrollo de placa. En algunos conjuntos de datos, los consumidores de marihuana mostraron niveles de calcio más altos antes de lo esperado para su edad. No significativamente más altos, pero sí lo suficiente como para sugerir que el esfuerzo cardiovascular repetido había acelerado un proceso que normalmente se desarrolla lentamente. Estos marcadores tempranos no causan síntomas, pero predicen resultados décadas después. Son los susurros silenciosos del riesgo futuro.

Comprender el aumento de 1,3 a 2 veces implica reconocer que las cifras no son exageradas ni triviales. Son el reflejo numérico del estrés biológico. Cuantifican la reacción del corazón a desafíos repetidos. Cuando el Dr. London articuló el rango, lo hizo para ofrecer claridad, no para alarmar. Su intención era que las cifras guiaran la conciencia, impulsaran la conversación y llenaran la brecha informativa que había permanecido durante demasiado tiempo entre la percepción y la evidencia.

A medida que la legalización de la marihuana se expande globalmente, estas cifras cobran aún más importancia. Son el pilar de las discusiones sobre seguridad, moderación y elección informada. Recuerdan a los lectores que el corazón no responde a cambios culturales ni a debates políticos. Responde a la química, la presión, la inflamación y el ritmo. El corazón interpreta la marihuana no como una cuestión moral, sino como un evento bioquímico.

Las cifras —de 1,3 a 2 veces— traducen ese evento a términos comprensibles para los humanos. Representan miles de historias de pacientes, innumerables experimentos de laboratorio y el constante avance del conocimiento científico. Nos recuerdan que el riesgo no es cuestión de miedo, sino de comprensión. Y con la comprensión surge la capacidad de tomar decisiones que beneficien nuestra salud, nuestro futuro y el respeto por el órgano tranquilo e incansable que lo sustenta todo.

Capítulo 6 – Daño silencioso: cómo la marihuana debilita los vasos sanguíneos con el tiempo

El debilitamiento de un vaso sanguíneo no se anuncia por sí solo. No palpita con fuerza ni se inflama con una advertencia visible. En cambio, se desarrolla silenciosamente con el paso de los años, oculto bajo el pulso que late de forma constante, día y noche, sin quejarse. Este deterioro silencioso es lo que hace que el daño vascular sea tan engañosamente peligroso. Prospera en la invisibilidad. Y para muchos consumidores de marihuana a largo plazo, esta invisibilidad se convierte en la mayor amenaza, porque el cuerpo se adapta a los cambios graduales hasta que algo dramático finalmente llama la atención. Esta progresión silenciosa —lenta, sutil, constante— es lo que más preocupa a cirujanos como el Dr. London.

Cuando la gente imagina el daño que causa fumar, primero imagina los pulmones: tejido ennegrecido, vías respiratorias estrechas, ataques de tos o disnea. Lo que rara vez consideran es la red de arterias que se ramifican por todo el cuerpo, transportando sangre rica en oxígeno con una precisión orquestada por el endotelio, el delgado y delicado revestimiento interno de cada vaso. Este revestimiento no es simplemente un tubo pasivo. Es una capa activa y dinámica que responde instantáneamente a señales químicas, cambios de presión y señales inflamatorias. Dilata los vasos para aumentar el flujo, los contrae para regular la presión y libera sustancias que protegen contra los coágulos y la placa. Es el director de la orquesta cardiovascular. Y cuando se expone repetidamente a las sustancias químicas y partículas presentes en el humo de la marihuana, su armonía comienza a tambalearse.

El Dr. London solía explicar la disfunción endotelial comparándola con un semáforo. Cuando el endotelio está sano, envía señales a los vasos sanguíneos para que se relajen o se contraigan en el momento justo, permitiendo que la sangre fluya libremente. Cuando está dañado, las señales se vuelven irregulares. Las luces fallan —a veces permanecen rojas demasiado tiempo, a veces parpadean entre colores— y el tráfico comienza a atascarse. El flujo sanguíneo disminuye, la turbulencia aumenta y las paredes de los vasos se endurecen. Este estado, conocido como disfunción endotelial, es la primera señal de alerta de futuros eventos cardíacos. Es la primera ficha de dominó en caer en la larga cadena que conduce al engrosamiento arterial, la acumulación de placa y las obstrucciones repentinas.

El humo de la marihuana contribuye a esta disfunción por múltiples vías. Las partículas calientes y las toxinas liberadas durante la combustión entran al torrente sanguíneo a través de los pulmones y circulan directamente hacia las paredes arteriales. Las sustancias químicas crean una inflamación microscópica que, si bien imperceptible en el momento, se acumula con cada inhalación. El THC, aunque no es inherentemente tóxico como la nicotina, desencadena la activación del sistema nervioso simpático, aumentando la frecuencia cardíaca y la presión arterial. Estas fluctuaciones ejercen tensión mecánica sobre las paredes de los vasos sanguíneos, obligándolos a expandirse y contraerse repetidamente más allá de su ritmo ideal. Con el tiempo, el endotelio se desgasta, como una tela estirada demasiadas veces en la dirección incorrecta.

Este daño no se manifiesta como dolor. Nadie se despierta sintiendo que su endotelio se ha debilitado. No hay sensación asociada con las primeras etapas del engrosamiento o la inflamación arterial. Estos cambios son biológicamente discretos, detectables solo mediante pruebas especializadas o durante cirugías que exponen los vasos sanguíneos. Y es en estos quirófanos donde cirujanos como el Dr. London presencian la evidencia de primera mano.

A menudo recuerda la primera vez que se dio cuenta de que los fumadores de marihuana —aquellos que juraban no haber tocado tabaco— presentaban cambios arteriales significativos. Durante una operación de bypass de la arteria coronaria a un paciente de unos cuarenta y tantos años, notó que los vasos sanguíneos estaban inusualmente rígidos para alguien de esa edad. El paciente había insistido durante las entrevistas preoperatorias en que había llevado un "estilo de vida limpio", nunca había fumado cigarrillos y no seguía una dieta rica en grasas. Pero había admitido, casi con indiferencia, que fumaba marihuana todas las noches para relajarse. El cirujano recordaba la textura de la arteria: no tan blanda y flexible como se esperaba, sino engrosada y ligeramente descolorida, como si hubiera envejecido prematuramente. No había habido ningún síntoma externo, ninguna señal en la apariencia del paciente o en su vida cotidiana que sugiriera que algo andaba mal. Sin embargo, en su interior, los vasos sanguíneos contaban una historia diferente.

Estos casos se hicieron más frecuentes con el paso de los años. Pacientes de entre treinta y cuarenta años —edades en las que la cirugía cardíaca es menos común— presentaban afecciones vasculares más típicas de personas mayores. Sus arterias no eran tan flexibles, sus capas endoteliales mostraban signos de irritación crónica y, en muchos casos, la placa había comenzado a formarse antes de lo previsto. Este fenómeno preocupaba al Dr. London, no porque la marihuana fuera la única causa, sino porque muchos consumidores creían que era inofensiva, natural o "mejor que el tabaco". Esa creencia les impedía ver el daño creciente que se acumulaba año tras año.

La placa no se desarrolla en un día ni en una semana. Se forma gradualmente, comenzando con el depósito de lípidos en la pared vascular una vez que el endotelio se ve comprometido. Al principio, estos depósitos son vetas suaves. Con el tiempo, las células inflamatorias se acumulan, intentando reparar el daño, pero contribuyendo inadvertidamente a la acumulación. Los depósitos de calcio finalmente se unen, endureciendo la placa como cemento. La arteria se estrecha lentamente, reduciendo la cantidad de sangre que puede pasar a través de ella. Sin embargo, incluso a medida que el espacio dentro del vaso se reduce, el cuerpo compensa. Desvía la sangre a través de vías colaterales, aumenta la frecuencia cardíaca ligeramente y ajusta la presión ligeramente. Estas compensaciones enmascaran la gravedad del problema hasta que el estrechamiento se vuelve crítico.

Para muchos consumidores de marihuana, el primer síntoma perceptible no es una molestia precoz en el pecho ni una fatiga leve. Es el dolor repentino y opresivo de un episodio cardíaco agudo. En un momento, se sienten bien; al siguiente, una placa se rompe, se forma un coágulo rápidamente y la arteria se bloquea casi por completo. El corazón, privado de oxígeno, protesta violentamente. El silencio de los años anteriores culmina en un momento catastrófico. Esta es la naturaleza cruel del daño vascular: se acumula de forma invisible y se revela de forma explosiva.

La disfunción endotelial también contribuye al vasoespasmo, una constricción repentina de las arterias coronarias. Este fenómeno puede ocurrir incluso en personas sin una acumulación significativa de placa. Los efectos de la marihuana sobre el tono vascular aumentan la probabilidad de estos espasmos. Las arterias se contraen bruscamente, reduciendo drásticamente el flujo sanguíneo. El episodio puede durar minutos o más, y si se prolonga, puede desencadenar un infarto. Algunos pacientes experimentan estos espasmos episódicamente, restándoles importancia como ansiedad o malestar temporal. Solo cuando los episodios se agravan, o cuando uno causa daño permanente, se dan cuenta de que algo más profundo está ocurriendo.

Para los cirujanos, los efectos vasculares a largo plazo de la marihuana presentan desafíos únicos. Los vasos sanguíneos dañados son más difíciles de manipular durante las operaciones. Se desgarran con mayor facilidad, responden mal a las suturas y, en ocasiones, no se dilatan adecuadamente, incluso con estimulación mecánica. El Dr. London describió en una ocasión cómo operar arterias expuestas a inflamación crónica era similar a coser una tela delicada que se había empapado en agua y secado al sol repetidamente. Las fibras pierden elasticidad. Se resisten a la manipulación. Un vaso que debería expandirse suavemente al colocar un injerto permanece rígido, lo que requiere mayor fuerza y precisión para asegurar el bypass.

Otro desafío surge de la ubicación de la placa. En algunos consumidores de marihuana, la inflamación tiende a desarrollarse de forma irregular, lo que resulta en una distribución desigual de la placa. En lugar de un estrechamiento suave a lo largo de una sección predecible, los cirujanos encuentran parches de acumulación endurecida que se alternan con áreas de inflamación. Esta inconsistencia complica la colocación del injerto y aumenta el riesgo de complicaciones postoperatorias. Además, las sustancias químicas residuales almacenadas en los tejidos grasos y las paredes vasculares influyen en la cicatrización. La recuperación puede ser más lenta, la coagulación puede verse alterada y la inflamación puede ser más persistente.

Estas complicaciones no son exclusivas de los consumidores de marihuana, pero la frecuencia con la que aparecen en quienes fuman regularmente plantea inquietudes sobre la salud vascular a largo plazo. El problema no es solo la presencia de THC, sino también la vía de administración. Al fumar marihuana, la combinación de calor, material quemado y partículas crea una mezcla tóxica que afecta directamente a los vasos sanguíneos. Incluso las presentaciones vaporizadas, aunque algo diferentes, conllevan riesgos debido a las altas concentraciones de THC y aditivos que pueden desencadenar respuestas inflamatorias.

Un escenario particularmente revelador ocurrió durante una cirugía de bypass multivaso en un paciente que había fumado marihuana durante más de veinte años. El paciente había insistido en que la marihuana era la única sustancia que consumía y que evitaba todos los alimentos procesados, el alcohol y el tabaco. Sin embargo, sus arterias eran excepcionalmente difíciles de injertar. La arteria mamaria interna, a menudo utilizada para bypass debido a su excelente durabilidad a largo plazo, mostraba signos de engrosamiento. La vena safena extraída de su pierna, destinada a servir como injerto, también presentaba una leve irritación endotelial. El cirujano completó la operación con éxito, pero posteriormente comentó en privado que el sistema vascular del paciente se parecía al de alguien diez o quince años mayor.

Estas experiencias acumuladas reforzaron lo que los estudios de investigación ya sugerían: el consumo crónico de marihuana contribuye al envejecimiento vascular. Este envejecimiento no es solo cuestión de tiempo, sino de exposición repetida. Cada inhalación introduce compuestos que estresan las paredes de los vasos sanguíneos, provocan inflamación o alteran la función endotelial. Con el paso de los meses y los años, estos factores estresantes dejan tras de sí cambios estructurales. Los vasos sanguíneos se endurecen, el revestimiento se debilita y el riesgo de rotura de placa o formación de coágulos aumenta constantemente.

Otro aspecto crítico del daño vascular a largo plazo relacionado con la marihuana es su imprevisibilidad. Dos personas pueden consumir la misma cantidad durante el mismo tiempo, y aun así, una presenta cambios arteriales graves, mientras que la otra parece relativamente inafectada. La predisposición genética, la dieta, los hábitos de ejercicio y las afecciones coexistentes influyen en los resultados. Pero la imprevisibilidad en sí misma es parte del peligro. Una persona no puede asumir la seguridad simplemente porque no presenta síntomas. La ausencia de señales de advertencia no indica nada sobre el estado del revestimiento endotelial ni el grosor de la pared arterial. Lo que complica aún más las cosas es que muchos consumidores de marihuana se consideran conscientes de su salud. Pueden evitar los alimentos procesados, adoptar estilos de vida orgánicos y hacer ejercicio con regularidad. Dado que la marihuana es natural, creen que se alinea con su filosofía de salud. Sin embargo, los vasos sanguíneos no distinguen entre humo "natural" y "antinatural". Solo responden a la química y al estrés físico. Incluso quienes se enorgullecen de llevar una vida limpia y consciente pueden, sin saberlo, acumular daño arterial silencioso.

En los últimos años, se ha comenzado a investigar cómo la marihuana interactúa con otros factores de riesgo cardiovascular. Los hallazgos indican que, al combinarse con hipertensión leve o colesterol alto, el daño progresa con mayor rapidez. Las paredes vasculares se debilitan con mayor rapidez. La disfunción endotelial se intensifica. La placa se forma con mayor facilidad. La curva de riesgo se acentúa. En personas con diabetes o síndrome metabólico, la marihuana amplifica los procesos inflamatorios que ya amenazan la integridad vascular. El resultado es un riesgo agravado que supera el que cualquiera de los dos factores podría causar por sí solo.

Desde la perspectiva de un cirujano, la preocupación no es solo el creciente número de pacientes que requieren intervención, sino también la complejidad de sus casos. Operaciones que deberían ser sencillas se vuelven técnicamente exigentes. La recuperación, que debería ser fluida, se vuelve impredecible. Los resultados a largo plazo se vuelven menos seguros. Por eso, el Dr. London enfatiza la concienciación. No el miedo. La concienciación. La comprensión de que fumar marihuana repetidamente no es benigno para el sistema vascular, incluso si sus efectos permanecen inactivos durante décadas.

La historia del daño vascular silencioso no pretende vilipendiar la marihuana, sino arrojar luz sobre una verdad que se ignora. Los vasos sanguíneos no hablan en voz alta. Susurran a través de cambios sutiles: un ligero engrosamiento, una inflamación leve, una menor flexibilidad. Con el tiempo, estos susurros forman un coro que solo se puede escuchar mediante imágenes médicas o durante una cirugía. Para cuando los vasos sanguíneos gritan, es durante un infarto, un derrame cerebral o un colapso repentino.

Comprender cómo la marihuana debilita los vasos sanguíneos no implica desalentar todo tipo de consumo. Se trata de reconocer la realidad biológica tras el término "humo". Se trata de reconocer la progresión silenciosa de la disfunción endotelial, la formación de placa y el engrosamiento arterial. Se trata de reemplazar las suposiciones con conocimiento y los mitos con evidencia.

El daño silencioso sigue siendo daño. Y para el corazón y sus vasos sanguíneos, el silencio suele ser el sonido más peligroso de todos.

Capítulo 7 – El corazón joven bajo amenaza: eventos cardíacos repentinos en usuarios menores de 40 años

Existe el peligroso mito de que la juventud es un escudo impenetrable, una especie de póliza de seguro biológica que supuestamente protege al cuerpo de las consecuencias de nuestro estilo de vida. Entre los consumidores de marihuana menores de cuarenta años, esta ilusión es particularmente fuerte. Se creen invencibles porque sus articulaciones son flexibles, su resistencia es alta y sus chequeos médicos anuales —si es que acuden a ellos— rara vez muestran algo preocupante. Pero la verdad, que ha surgido tras años de casos médicos, crisis en quirófanos y diagnósticos tardíos, es que la marihuana puede desestabilizar el corazón mucho antes de lo que la mayoría de la gente imagina. El cuerpo joven puede reparar músculos, piel y hematomas rápidamente, pero el corazón no funciona bajo el mismo principio de perdón juvenil. Su ritmo, sus arterias y su estabilidad eléctrica pueden desequilibrarse, a veces catastróficamente, con el estrés fisiológico inadecuado en el momento equivocado. Este capítulo revela la incómoda realidad de que los eventos cardíacos repentinos en los menores de cuarenta años no solo son posibles, sino que son cada vez más comunes y, a menudo, están relacionados con la exposición a la marihuana.

Durante la última década, el Dr. London se enfrentó repetidamente a casos que contradecían todo lo que el público quería creer. Recordó uno de los más impactantes, el de un hombre de veintiocho años que acudió con un dolor torácico aplastante que comenzó mientras reía con amigos durante una reunión de fin de semana. Los médicos de urgencias sospecharon inicialmente ansiedad o quizás gastritis; después de todo, el paciente parecía demasiado joven para estar sufriendo un infarto. Pero el electrocardiograma reveló una historia diferente. Sus segmentos ST estaban elevados. Los niveles de troponina se dispararon. Una arteria coronaria sufrió un vasoespasmo repentino tan grave que el flujo sanguíneo casi se detuvo. Cuando se le preguntó si fumaba, el paciente respondió pasivamente que no fumaba, pero añadió con indiferencia que había fumado "unas caladas de marihuana antes". La frase transmitía inocencia, como si la marihuana fuera un ruido de fondo irrelevante. Sin embargo, la fisiopatología apuntaba directamente a un vasoespasmo inducido por cannabinoides. En el laboratorio de cateterismo, los médicos observaron cómo las arterias se contraían y relajaban de forma impredecible, comportándose como músculos caprichosos en lugar de los conductos firmes y fiables que debían ser. El paciente sobrevivió, pero solo tras horas de incertidumbre e intensa intervención.

Historias como la suya se hicieron cada vez más comunes. El Dr. London presenció a numerosos pacientes de entre veinte y treinta años que presentaban arritmias que parecían fuera de lugar para su edad. Algunos llegaban con palpitaciones tan intensas que creían morir. Otros se desplomaban sin previo aviso durante actividades rutinarias: correr, trabajar, cocinar, incluso sentados en un escritorio. Lo que unía a muchos de estos casos era el hilo conductor del consumo reciente de marihuana, incluso en pequeñas cantidades. Mientras que algunos pacientes describían hábitos de fumar a diario, otros admitían ser consumidores ocasionales. Este patrón sugería que el corazón joven, a pesar de su vigor, reacciona de forma única a los efectos del THC sobre la conductividad eléctrica y la tensión vascular. La juventud no ofrecía protección contra los cambios repentinos del ritmo cardíaco ni la constricción vascular.

La interacción de la marihuana con el sistema cardiovascular de los jóvenes es más compleja de lo que la mayoría de la gente cree. Los adultos jóvenes suelen metabolizar el THC de forma diferente debido a tasas metabólicas basales más rápidas y a una composición corporal variable. Su sistema nervioso simpático tiende a ser más reactivo, lo que provoca picos de frecuencia cardíaca y fluctuaciones de la presión arterial más drásticos. Cuando el THC entra en el torrente sanguíneo, desencadena una cascada de respuestas autonómicas: vasodilatación en algunas regiones, vasoconstricción en otras. Esta respuesta desigual somete al corazón a un mayor esfuerzo para mantener el equilibrio. Para alguien menor de cuarenta años, estos cambios rápidos pueden parecer inofensivos a primera vista, ya que se resuelven rápidamente. Pero, en el fondo, establecen una base fisiológica de inestabilidad, especialmente si se repiten durante meses o años.

Un caso involucró a una mujer de treinta años que estaba haciendo yoga cuando se desplomó repentinamente en medio de una postura. Parecía estar perfectamente sana: no tenía antecedentes familiares, ni enfermedades diagnosticadas, ni señales de alerta. Los paramédicos inicialmente sospecharon deshidratación o un desmayo, pero al llegar al hospital, sufrió una fibrilación ventricular. El sistema eléctrico de su corazón colapsó en impulsos caóticos. Los intentos de reanimación tuvieron éxito, pero cuando el Dr. London revisó posteriormente su angiografía, encontró una sutil irritación endotelial en sus arterias coronarias. La inflamación no provenía del colesterol ni de problemas autoinmunes; se remontaba a una exposición crónica. Cuando su esposo mencionó que consumía comestibles de marihuana y que ocasionalmente vapeaba, lo dijo en un tono confuso, como si intentara comprender cómo algo tan benigno podía estar relacionado con un evento casi fatal. Sin embargo, la realidad era que el THC de los concentrados de vapeo puede ingresar al torrente sanguíneo en altas dosis muy rápidamente, saturando los mecanismos reguladores del corazón.

Los jóvenes adultos a menudo subestiman su vulnerabilidad precisamente porque están condicionados a pensar que la marihuana es natural y, por lo tanto, inofensiva. Las redes sociales amplifican esta creencia. Las plataformas están llenas de influencers que fuman o consumen comestibles de forma casual mientras hacen ejercicio, hacen senderismo, bailan o realizan actividades que implican resiliencia y bienestar. El mensaje implícito es que la marihuana mejora la vida en lugar de amenazarla. Lo que estos jóvenes consumidores no ven son los historiales médicos que revisó el Dr. London: las tiras de ritmo que muestran un descarrilamiento eléctrico repentino, las angiografías que muestran espasmos arteriales que obstruyen el suministro de sangre o los resultados de laboratorio que revelan un músculo cardíaco sin oxígeno. No ven el pánico en los rostros de los padres en las salas de espera del hospital, tratando de comprender cómo su hijo activo y saludable terminó en un paro cardíaco.

Aún más inquietantes fueron los casos de hombres y mujeres jóvenes que creían que la marihuana los tranquilizaba o les ayudaba a dormir. Uno de ellos fue el de un hombre de veinticuatro años que consumía marihuana todas las noches para controlar el estrés. Su compañero de piso lo encontró inconsciente en su habitación una mañana temprano. En el hospital, se hizo evidente que había sufrido una arritmia silenciosa durante el sueño, probablemente provocada por un desequilibrio autonómico inducido por el THC. Sobrevivió, pero sufrió un deterioro cognitivo leve a largo plazo debido a los bajos niveles de oxígeno prolongados antes del descubrimiento. En conversaciones posteriores con él, expresó su incredulidad. Dijo que había asumido que la marihuana reducía la frecuencia cardíaca y relajaba el cuerpo, por lo que creía que era más segura que el alcohol o el tabaco. Su comprensión se basaba en mensajes culturales más que en la realidad científica.

Estas ideas erróneas son particularmente fuertes entre los adultos jóvenes, ya que muchos de ellos crecieron en una era de legalización y normalización. La marihuana se comercializa con empaques de colores pastel, eslóganes informales y un enfoque en el "bienestar". Los adultos jóvenes no recuerdan las décadas de investigación que demuestran el efecto de la marihuana en la frecuencia cardíaca, el control autónomo y la función vascular. En cambio, absorben las narrativas actuales que la presentan como una planta inofensiva o una herramienta para aliviar el estrés. Esta desconexión entre la percepción y la fisiología es una de las principales razones por las que los eventos cardíacos repentinos se han vuelto más comunes en las poblaciones menores de cuarenta años.

Otro ejemplo llamativo fue el de un ingeniero de software de treinta y dos años que sufrió un infarto mientras viajaba al trabajo. Al principio, confundió la opresión en el pecho con reflujo ácido. Cuando el dolor se extendió a la mandíbula y se mareó, se detuvo y llamó a una ambulancia. En el hospital, le detectaron una obstrucción en una arteria coronaria pequeña pero crítica. No se trataba de la clásica acumulación de placa que se observa en adultos mayores, sino de un coágulo provocado por la inflamación vascular y la disfunción endotelial. Posteriormente admitió que había empezado a vapear aceite de THC de alta potencia casi a diario para controlar el estrés laboral. Vapear, dijo, le parecía más limpio que fumar y, por lo tanto, más seguro. Lo que no sabía era que las partículas ultrafinas y los aditivos químicos del vapor pueden inflamar los vasos sanguíneos rápidamente, creando las condiciones perfectas para la formación de coágulos, incluso en personas jóvenes y aparentemente sanas.

El Dr. London reflexionaba a menudo sobre cómo casos como estos transformaron su comprensión de la percepción del riesgo. Los jóvenes tienden a asociar los infartos con adultos mayores que acumulan décadas de hábitos poco saludables. Se imaginan arterias obstruidas llenas de placa gruesa, no los espasmos repentinos ni las respuestas inflamatorias agudas inducidas por la marihuana. Como resultado, los adultos jóvenes pueden retrasar la búsqueda de ayuda cuando aparecen los síntomas. Esta demora puede ser mortal. En varios casos, pacientes menores de cuarenta años esperaron horas antes de acudir al hospital, creyendo que el dolor era muscular o relacionado con el estrés. Para cuando llegaron, el tejido cardíaco ya había sufrido daños irreversibles.

La fisiología del corazón joven también crea una engañosa sensación de protección. Por ejemplo, las paredes arteriales tienden a ser más elásticas en la juventud, lo que podría parecer una ventaja. Sin embargo, la elasticidad también las hace más reactivas a los desencadenantes químicos. Cuando el THC induce vasoconstricción, las arterias pueden contraerse bruscamente y con fuerza, cortando el suministro de sangre de forma más drástica que en arterias más viejas y rígidas. De igual manera, el sistema de conducción del corazón en la juventud es rápido y receptivo, pero eso lo hace más susceptible a fallos eléctricos cuando se sobreestimula. Se han documentado arritmias como la fibrilación auricular, la taquicardia supraventricular e incluso arritmias ventriculares en jóvenes consumidores de marihuana sin antecedentes.

Otro nivel de riesgo en la población menor de cuarenta años proviene de las combinaciones de estilos de vida. Los adultos jóvenes a menudo combinan la marihuana con otras opciones: bebidas energéticas, alcohol, ejercicio intenso o falta de sueño. Cada uno de estos factores aumenta de forma independiente el estrés cardíaco. Combinados con los efectos fisiológicos del THC, pueden inclinar la balanza hacia territorio peligroso. El Dr. London recordó el caso de un entusiasta del fitness de veintiséis años que fumaba marihuana antes de entrenar porque creía que mejoraba la concentración. Durante una sesión, sufrió un paro cardíaco repentino. La reanimación lo salvó, pero el diagnóstico posterior mostró que había experimentado una arritmia maligna desencadenada por el THC combinado con el aumento de adrenalina por el ejercicio. La intensa activación simpática creó una tormenta perfecta dentro de un corazón por lo demás sano.

También hubo casos en los que la marihuana actuó como un factor de fondo silencioso. Una mujer de veintinueve años llegó al hospital tras desmayarse en una escalera. Las pruebas revelaron miocarditis (inflamación del músculo cardíaco). Si bien no presentaba ninguna infección, enfermedad autoinmune ni factor de riesgo que la explicara, admitió consumir marihuana todas las noches. La exposición al THC, combinada con una predisposición que desconocía, desencadenó una cascada inflamatoria. Su recuperación requirió meses de medicación y actividad física limitada, algo que jamás imaginó que tendría que afrontar antes de los treinta.

Lo que une todas estas historias es la cruda realidad de que el corazón de los menores de cuarenta años no es inmune a las consecuencias cardiovasculares de la marihuana. Los eventos cardíacos repentinos en adultos jóvenes no son anomalías médicas, sino patrones clínicos cada vez más reconocidos. Muchos de estos pacientes parecen sanos, en forma y llenos de energía, pero la apariencia superficial esconde cambios sutiles que ocurren dentro de las redes vasculares y eléctricas del corazón.

El Dr. London aprendió gradualmente a hacer preguntas específicas cuando los pacientes más jóvenes llegaban con síntomas. Ya no solo preguntaba si fumaban, sino que aclaraba qué fumaban, con qué frecuencia y en qué presentación. Muchos pacientes no revelaron inicialmente su consumo de marihuana porque no lo consideraban relevante. Solo después de relatar sus hábitos, las piezas encajaron. La brecha entre la percepción pública y la realidad médica era evidente en estas interacciones. Muchos jóvenes creían que la marihuana era segura porque crecieron escuchando que era "solo una planta". Pocos comprendían que el mercado moderno ofrece productos mucho más potentes que la marihuana de décadas anteriores.

Los corazones jóvenes son órganos dinámicos y altamente sensibles, y en muchos sentidos, esta sensibilidad los hace más vulnerables al estrés agudo que desencadena el THC. Mientras que los adultos mayores a menudo sufren un deterioro cardiovascular crónico, los adultos jóvenes son más propensos a sufrir eventos eléctricos o vasculares repentinos. Estos eventos ocurren sin previo aviso y pueden ocurrir durante actividades tan cotidianas como dormir o tan activas como hacer ejercicio.

La juventud no confiere inmunidad. Al contrario, crea un peligroso punto ciego.
Al final de este capítulo, el mensaje central queda claro: la marihuana plantea riesgos reales e inmediatos para la población menor de cuarenta años, riesgos que con demasiada frecuencia se ignoran o desconocen. Los pacientes que terminaron en quirófanos o en unidades cardíacas nunca imaginaron que la marihuana influyera en sus crisis médicas. Sus historias nos recuerdan que el corazón joven, aunque fuerte, no es indestructible. Y en un mundo donde el consumo de cannabis es cada vez más común y culturalmente normalizado, comprender esta vulnerabilidad es esencial, no para asustar, sino para proteger a quienes se creen intocables simplemente por su edad.

Capítulo 8 – Riesgos de accidente cerebrovascular y arritmia: Los efectos secundarios que se pasan por alto

Para la mayoría de las personas que consumen marihuana, la idea de que cause un derrame cerebral o desencadene un ritmo cardíaco peligroso resulta absurda, casi risible. Imaginan los derrames cerebrales como eventos que solo les ocurren a personas con canas, diabetes o décadas de malos hábitos de vida. Las arritmias también se consideran problemas asociados a pacientes mayores, no a estudiantes universitarios, jóvenes profesionales o consumidores recreativos que ven la marihuana como una forma inofensiva de relajarse. Sin embargo, tras las puertas cerradas de las salas de hospital y los servicios de urgencias, ha surgido un patrón inquietante: derrames cerebrales y arritmias inducidos por la marihuana en personas que se creían demasiado jóvenes y demasiado sanas para tales complicaciones. Estos eventos no vienen con advertencias educadas. Llegan de forma repentina, violenta y, a menudo, sin ningún síntoma previo. Y el hilo conductor de muchos de estos casos es el impacto pasado por alto del THC en los vasos sanguíneos, la señalización eléctrica y la estabilidad circulatoria.

El riesgo de ictus, en particular, ha aumentado de maneras que han sorprendido incluso a los médicos más experimentados. El Dr. London reflexionaba a menudo sobre el caso de una mujer de treinta y cuatro años que fue llevada a urgencias por su pareja tras perder repentinamente la capacidad de hablar con coherencia. Sus palabras se disolvieron en fragmentos rotos y un lado de su rostro se desplomó. Al principio, su pareja insistió en que era demasiado joven para estar sufriendo un ictus. Pero una ecografía rápida reveló un coágulo alojado en una arteria pequeña pero crucial que irriga su centro del habla. El coágulo no se parecía a los que se forman por la acumulación prolongada de colesterol; en cambio, parecía reciente, abrupto y provocado por un evento vascular repentino. Cuando se le preguntó sobre hábitos o exposiciones recientes, su pareja mencionó pasivamente que había fumado un vape de marihuana esa misma noche. La asociación le parecía imposible, pero la fisiología contaba otra historia. Sus arterias, ya irritadas por meses de exposición al vapor de THC de alta potencia, se habían constreñido bruscamente. Se formó un pequeño coágulo que luego viajó, cortando el flujo sanguíneo a una región vital de su cerebro.

La idea de que la marihuana puede desencadenar tales eventos parte de un hecho fundamental: el THC afecta drásticamente a los vasos sanguíneos. Puede provocar que se contraigan, dilaten u oscilen entre ambos estados, creando turbulencias en el flujo sanguíneo. Para muchos jóvenes consumidores, estas fluctuaciones pasan desapercibidas. Pero bajo la superficie, los cambios irregulares en el tono vascular crean las condiciones ideales para la formación de coágulos. Cuando un vaso se contrae bruscamente, los componentes sanguíneos se comprimen entre sí. Las plaquetas se adhieren, los hilos de fibrina se entrelazan rápidamente y se forma un coágulo con sorprendente facilidad. Si ese coágulo se desprende, puede viajar hasta el cerebro y obstruir una arteria delicada. Esto no es teórico. Es el mecanismo detrás de muchos de los accidentes cerebrovasculares que el Dr. London trató en jóvenes consumidores de marihuana.

Otro aspecto igualmente preocupante es el efecto del THC sobre la presión arterial. Las personas suelen asociar la marihuana con la relajación, imaginando una disminución del estrés y la tensión fisiológica. Las primeras etapas de la intoxicación pueden, de hecho, implicar una sensación de calma. Pero lo que los consumidores no perciben es el aumento repentino de la frecuencia cardíaca y la presión arterial que suele ocurrir en los minutos posteriores a la inhalación o ingestión. Esta oleada simpática puede ser lo suficientemente potente como para lesionar el revestimiento de los vasos sanguíneos o desprender placas arteriales preexistentes. Incluso en personas sin acumulación de placa subyacente, el aumento repentino de la presión puede crear microdesgarros en las células endoteliales, exponiendo las superficies vulnerables a los factores de coagulación circulantes. Estas lesiones microscópicas son invisibles para el consumidor, pero forman el telón de fondo de eventos que pueden agravarse drásticamente.

Las arritmias (ritmos cardíacos anormales) siguen un patrón similar de invisibilidad hasta el momento en que se manifiestan. El impacto de la marihuana en el sistema eléctrico del corazón se subestima ampliamente. El THC interactúa con receptores no solo en el cerebro, sino también en el propio tejido cardíaco. Estos receptores modulan los canales iónicos responsables de mantener un ritmo constante. Cuando el THC interfiere con estos canales, puede desencadenar patrones de activación irregulares. Para algunos usuarios, esto se manifiesta como una breve palpitación o un aleteo que ignoran. Pero en otros, especialmente en quienes tienen predisposición genética, están deshidratados, estresados o combinan marihuana con alcohol o cafeína, la interferencia se intensifica y provoca fibrilación auricular o taquicardia.
La Dra. London recordó a una estudiante universitaria de veintisiete años que acudió a urgencias quejándose de que su corazón latía descontroladamente. Su frecuencia cardíaca era de casi 180 latidos por minuto. Había estado en una reunión, había fumado varias veces un porro y, de repente, sintió una opresión en el pecho. Les dijo a las enfermeras que nunca antes había tenido problemas cardíacos y que supuso que algo andaba mal en sus pulmones. Pero el electrocardiograma mostró una taquicardia supraventricular clara. La arritmia se desencadenó por un fallo eléctrico, impulsado por la sobreestimulación del sistema nervioso autónomo por el THC. Necesitó medicación y maniobras controladas para ralentizar su ritmo cardíaco, y después, expresó su sorpresa al descubrir que la marihuana pudiera haber sido la causa subyacente.

Los casos de fibrilación auricular fueron igualmente frecuentes. Un banquero de treinta y nueve años presentó dificultad respiratoria repentina y ritmo cardíaco irregular después de una noche fumando marihuana con amigos. No tenía hipertensión, ni problemas de colesterol, ni antecedentes familiares. Pero las señales irregulares y caóticas en sus aurículas lo ponían en riesgo de formar coágulos dentro de las cavidades cardíacas, que luego podrían viajar al cerebro y causar un derrame cerebral. Incluso cuando la arritmia se resolvió, los médicos le explicaron que el episodio aumentaba su riesgo de sufrir un derrame cerebral a lo largo de su vida al crear un patrón de inestabilidad eléctrica que podía reaparecer inesperadamente. Su respuesta fue de incredulidad; había asumido que la fibrilación auricular era algo que les ocurría a los hombres mayores, no a alguien que corría medias maratones y se consideraba consciente de su salud, salvo por el ocasional tabaquismo recreativo.

En muchos casos, los riesgos de accidente cerebrovascular y arritmia se superponen, formando una combinación peligrosa. Las personas que experimentan arritmias inducidas por THC pueden generar un flujo sanguíneo irregular en el corazón. Este movimiento turbulento favorece la formación de coágulos en las aurículas. Una vez formados, estos coágulos pueden ser impulsados a la circulación y llegar al cerebro. Por eso, incluso los episodios aislados de fibrilación auricular son preocupantes, especialmente cuando se desencadenan por sustancias como la marihuana, que puede causar alteraciones repetidas.

Un caso particularmente trágico involucró a una maestra de treinta y dos años que fue encontrada desmayada en su casa por un vecino. Fue trasladada de urgencia al hospital con un derrame cerebral masivo. El coágulo se había formado en su corazón durante una arritmia no detectada y se había desplazado hasta obstruir una de las arterias principales que irrigan su cerebro. Fue sometida a una cirugía de emergencia para extirparlo. En los días siguientes, mientras el Dr. London reconstruía su historial médico, descubrió que había estado vapeando marihuana varias veces a la semana para ayudar a controlar la ansiedad crónica. Su autopsia reveló un sistema cardiovascular por lo demás sano, salvo por signos de inestabilidad eléctrica en el tejido cardíaco, probablemente agravados por la exposición repetida al THC. Sus amigos comentaron más tarde que siempre habían asumido que vapear era la forma más segura y limpia de consumir marihuana, y ella creía lo mismo.

Otro concepto que a menudo se pasa por alto es el síndrome de vasoconstricción cerebral reversible (SVCR), una afección más común de lo que la mayoría de la gente cree entre los jóvenes consumidores de marihuana. En el SVCR, las arterias del cerebro se contraen de forma impredecible, restringiendo el flujo sanguíneo. Esto provoca dolores de cabeza intensos y repentinos, a veces denominados "cefaleas en trueno". En casos graves, el estrechamiento puede provocar accidentes cerebrovasculares. El Dr. London recordó a un hombre de treinta años que llegó a urgencias sujetándose la cabeza y sin poder abrir los ojos por el dolor. Describió la sensación como si "algo explotara en su interior". Las imágenes mostraron un estrechamiento en múltiples arterias cerebrales. La causa se remontaba a un potente comestible que había consumido anteriormente, que liberó una alta dosis de THC en su torrente sanguíneo demasiado rápido. Los vasos respondieron con una contracción, lo que desencadenó una reacción en cadena que fácilmente podría haber escalado hasta convertirse en un accidente cerebrovascular.

A pesar de estos casos alarmantes, la percepción pública de la marihuana como inocua persiste, en parte porque sus efectos son inconsistentes. No todos los consumidores experimentan palpitaciones. No todos los consumidores sufren un derrame cerebral. Estas inconsistencias crean una falsa sensación de seguridad, convenciendo a las personas de que la marihuana es benigna cuando, en realidad, su fisiología personal podría simplemente estar enmascarando las señales de alerta. Algunas personas tienen vasos sanguíneos genéticamente resistentes o sistemas de conducción eléctrica naturalmente estables. Otras pueden, sin saberlo, estar al borde del riesgo, siendo el THC el único desencadenante capaz de provocarles una crisis médica.

Otro factor que contribuye a los riesgos que se pasan por alto es la potencia de los productos modernos de marihuana. Las concentraciones de THC han aumentado mucho más allá de las que experimentaron las generaciones anteriores. Estas cepas y concentrados de alta potencia proporcionan dosis potentes que saturan los sistemas reguladores del cuerpo. Los vasos sanguíneos se contraen con mayor fuerza. El corazón late con mayor intensidad. La presión arterial aumenta más bruscamente. Y mientras que un adulto mayor podría sentir estos cambios de inmediato debido a la menor flexibilidad de su sistema cardiovascular, los adultos más jóvenes podrían no sentir nada. Sus cuerpos compensan, hasta que ya no pueden.

El Dr. London se preguntaba a menudo cuántos accidentes cerebrovasculares y arritmias podrían haberse evitado si los consumidores comprendieran la reacción fisiológica en cadena que desencadenaban. Imaginó el comportamiento diferente que podrían tener las personas si supieran que el THC puede provocar que las células musculares lisas de las paredes arteriales se contraigan con fuerza, como un calambre muscular repentino. Estas contracciones pueden detener el flujo sanguíneo en los delicados vasos del cerebro o provocar un estrechamiento peligroso de las arterias coronarias que irrigan el corazón. El mismo aumento autonómico que produce en algunas personas una sensación de euforia o ligereza puede provocar un ritmo cardíaco caótico.

Otro patrón inquietante surgió cuando el THC se combinó con la deshidratación, una condición común entre personas jóvenes que consumen cafeína, hacen ejercicio intenso o se olvidan de beber líquidos. La deshidratación espesa la sangre, lo que aumenta la probabilidad de formación de coágulos. Al combinarse con la vasoconstricción inducida por el THC, el riesgo de accidente cerebrovascular aumenta significativamente. El Dr. London trató a varios pacientes menores de cuarenta años que sufrieron accidentes cerebrovasculares durante o después de sesiones de ejercicio en las que habían consumido marihuana previamente. La combinación de hidratación reducida, frecuencia cardíaca elevada y los efectos del THC creó las condiciones perfectas para el colapso vascular o la formación de coágulos.

Lo que hace que estas situaciones sean aún más peligrosas es el retraso en el reconocimiento. Los jóvenes usuarios suelen ignorar los primeros síntomas de un accidente cerebrovascular o arritmia. El entumecimiento o el hormigueo pueden confundirse con ansiedad. Los mareos repentinos pueden atribuirse al hambre o la deshidratación. Las molestias en el pecho se ignoran como distensión muscular. Las irregularidades del ritmo cardíaco se justifican como estrés. Estos retrasos en la búsqueda de ayuda pueden provocar daños irreversibles. Muchos pacientes jóvenes llegan demasiado tarde para recibir medicamentos trombolíticos o intervenciones eléctricas oportunas.

Al examinar estos casos a lo largo de los años, el Dr. London se dio cuenta de que las complicaciones vasculares y del ritmo cardíaco relacionadas con la marihuana no eran aleatorias. Seguían patrones relacionados con la dosis, la frecuencia, la potencia y las vulnerabilidades individuales. Patrones que apuntaban a una verdad clara y a menudo ignorada: la marihuana no es segura simplemente por ser natural. Afecta los vasos sanguíneos con la misma potencia que muchas sustancias sintéticas. Altera el ritmo cardíaco con la misma imprevisibilidad que los estimulantes. Y presenta riesgos de accidente cerebrovascular y arritmia en poblaciones que tradicionalmente se creían inmunes.

Los jóvenes que ingresaron a urgencias no eran personas imprudentes; muchos eran personas educadas, conscientes de su salud y socialmente responsables. Su mayor error fue asumir que la marihuana no podía dañar su sistema cardiovascular porque nadie les había dicho lo contrario.

Este capítulo sirve como recordatorio de que el cerebro y el corazón funcionan con una precisión delicada. Las alteraciones del flujo sanguíneo o del ritmo, independientemente de su origen, tienen consecuencias. Cuando el THC interfiere con el tono vascular, la presión arterial y la señalización eléctrica, estas consecuencias pueden volverse repentinas y graves. Los riesgos de accidente cerebrovascular y arritmia no son posibilidades lejanas para los jóvenes consumidores; son reales, inmediatos y profundamente subestimados.

Comprender estos riesgos no se trata de infundir miedo, sino de restablecer la claridad donde se ha difundido la desinformación. A medida que la marihuana se normaliza en la sociedad, la responsabilidad de reconocer su impacto cardiovascular se vuelve más urgente. El conocimiento no es un obstáculo para el disfrute; es una protección contra daños irreversibles.

Capítulo 9 – Qué contiene el humo de la marihuana: toxinas, alquitrán y subproductos de la combustión

La mayoría de quienes defienden la marihuana como una sustancia completamente inofensiva basan su creencia en el hecho de que es una planta. Argumentan que cualquier cosa cultivada en tierra, regada por la lluvia y nutrida por la luz solar no podría producir efectos peligrosos al quemarse e inhalarse. La palabra*orgánico*Ha adquirido un significado casi mágico en la cultura moderna, uno que muchos usan para justificar sus decisiones sin cuestionar la ciencia que las sustenta. Sin embargo, la verdad, observada a lo largo de décadas de medicina y química, es que el proceso de quemar cualquier material vegetal genera toxinas. No importa si la planta se cultivó en un jardín o en un invernadero orgánico certificado. En el momento en que el fuego la toca, la química cambia y el humo se convierte en un cóctel de sustancias químicas dañinas que los pulmones no están diseñados para procesar.

Para el Dr. London, la evidencia más clara de esta realidad no provenía de debates académicos, sino del olor y la densidad del humo. El humo de la marihuana persiste en los pasillos de los hospitales, en la ropa de los pacientes y en el aire de las salas de espera cuando los visitantes salen a dar unas caladas rápidas. Tiene la misma densidad que el humo del tabaco: el mismo residuo pegajoso, el mismo ardor punzante. Cualquiera que haya caminado entre una nube de humo de marihuana sabe instintivamente que no es simplemente vapor de agua ni una neblina inofensiva. El olor pegajoso que se adhiere a la tela es prueba de que las partículas permanecen suspendidas mucho después de que se libera el humo.

Para entender qué sucede cuando la marihuana se quema, primero hay que comprender la combustión en sí. El fuego es una reacción química, no solo una forma práctica de producir calor. Cuando la planta se enciende, la celulosa, los aceites y los compuestos biológicos que contiene comienzan a descomponerse. Sus estructuras moleculares se descomponen bajo calor intenso y se reensamblan en nuevos compuestos que no existían previamente en la planta. Algunos de estos compuestos son relativamente inofensivos, pero muchos son tóxicos. Estas toxinas no se diferencian de si la planta es natural u orgánica. La combustión las transforma en irritantes, carcinógenos y partículas pesadas que penetran profundamente en los pulmones.

Uno de los principales componentes del humo de la marihuana es el alquitrán. El alquitrán no es una sola sustancia, sino una mezcla de múltiples sustancias químicas que forman un material pegajoso y resinoso. El alquitrán de cigarrillo es famoso por manchar los dedos y los dientes de los consumidores habituales, pero el alquitrán de marihuana es químicamente similar y, en algunos casos, más denso debido a los aceites de la planta. Cuando la marihuana se quema, el humo transporta este alquitrán a las vías respiratorias. Con cada inhalación, el alquitrán recubre el revestimiento de los bronquios y los alvéolos, adhiriéndose a las delicadas estructuras responsables del intercambio de oxígeno. Con el tiempo, esta acumulación restringe el flujo de aire, irrita los pulmones y aumenta el riesgo de enfermedades crónicas.

El Dr. London había visto pulmones durante cirugías pertenecientes a personas que insistían en no haber fumado nunca, solo marihuana. La decoloración y los residuos dentro de la cavidad torácica eran inconfundibles. Si bien los pulmones no eran idénticos a los de fumadores de tabaco de toda la vida, las diferencias eran mucho menores de lo que muchos esperarían. Las capas de alquitrán de la marihuana dejaban un patrón irregular de tejido oscuro y bronquios irritados que dejaba claro que el sistema respiratorio había estado expuesto a la inhalación repetida de partículas calientes.

Otro componente problemático del humo de la marihuana son las finas partículas suspendidas en el aire caliente. Estas partículas, muchas de ellas microscópicas, penetran profundamente en los pulmones. A diferencia de las partículas más grandes que el cuerpo puede expulsar al toser o con mucosidad, estos diminutos fragmentos se alojan en los alvéolos, las diminutas bolsas encargadas de transportar el oxígeno al torrente sanguíneo. Una vez atrapados, causan inflamación. A corto plazo, esto provoca tos o irritación que muchos consumidores consideran normal. Sin embargo, con el paso de los años, la inflamación crónica puede dañar la integridad estructural de los pulmones y contribuir a enfermedades como la bronquitis crónica y la reducción de la capacidad pulmonar.

Al hablar de las toxinas presentes en el humo de la marihuana, la conversación suele girar en torno a los carcinógenos, las sustancias químicas cancerígenas ampliamente reconocidas en el tabaco. Lo que mucha gente desconoce es que el humo de la marihuana contiene muchos de los mismos carcinógenos presentes en el humo del cigarrillo, como el benceno, el tolueno, el formaldehído y los hidrocarburos aromáticos policíclicos (HAP). Estos compuestos no son exclusivos del tabaco; son subproductos de la combustión de materia orgánica. Ya sea que se queme un cigarrillo, un porro de marihuana o incluso un trozo de madera, estas sustancias químicas se forman. La diferencia radica en la exposición: cuando una persona inhala directamente a través de un porro o una pipa, los pulmones se someten a una dosis concentrada de estos carcinógenos.

Un error común es creer que la marihuana produce un humo más limpio que el tabaco porque no contiene aditivos. Sin embargo, los aditivos no son la principal fuente de carcinógenos en el humo del cigarrillo. Estos carcinógenos surgen del propio proceso de combustión. Es la combustión la que genera toxinas, no los químicos añadidos al producto. Incluso si una planta se cultiva con los métodos de agricultura orgánica más meticulosos, su humo seguirá conteniendo subproductos nocivos una vez quemada.

El Dr. London trató en una ocasión a un paciente que estaba convencido de que sus pulmones estaban protegidos porque cultivaba su propia marihuana en casa. Describió con orgullo cómo evitaba pesticidas, fertilizantes y aditivos. Pero cuando sus escáneres revelaron una inflamación significativa y los primeros signos de daño en las vías respiratorias, su incredulidad era palpable. Insistió en que su humo no podía haber sido dañino, ya que lo había producido él mismo con cuidado. Cuando el Dr. London explicó que el fuego mismo era la fuente de las toxinas, no el proceso de cultivo, el paciente permaneció en silencio, asimilando una verdad que se había negado a reconocer durante años.

La marihuana también produce compuestos como amoníaco y cianuro de hidrógeno durante la combustión. Estas sustancias químicas irritan los ojos, la garganta y las vías respiratorias, lo que contribuye a la sensación de ardor que experimentan muchos consumidores. La tos posterior suele interpretarse como algo normal, incluso algunos la celebran como señal de una "calada fuerte". Sin embargo, la tos es un mecanismo de defensa. Indica que los pulmones están bajo ataque, intentando desesperadamente expulsar sustancias nocivas.

Cuanto más profunda sea la inhalación, más tiempo se retiene el humo en los pulmones. A muchos consumidores se les ha enseñado, erróneamente, que esta técnica intensifica el efecto del THC. En realidad, el THC se absorbe en los primeros segundos. Retener el humo simplemente aumenta la exposición al alquitrán y las toxinas, permitiéndoles asentarse más profundamente en el tejido pulmonar. Esta práctica también aumenta la absorción de monóxido de carbono, otro componente peligroso del humo de marihuana. El monóxido de carbono se une a la hemoglobina con mayor eficacia que el oxígeno, reduciendo la disponibilidad de oxígeno en los tejidos. Con el tiempo, esto puede contribuir a la fatiga, la reducción de la resistencia y el estrés cardiovascular a largo plazo.

Más allá de la composición química, la temperatura del humo de marihuana introduce otro nivel de riesgo. El calor producido durante la combustión es lo suficientemente intenso como para dañar las células que recubren las vías respiratorias. Estas células son delicadas por diseño, diseñadas para permitir que el oxígeno pase sin esfuerzo al torrente sanguíneo. La exposición repetida a altas temperaturas provoca su muerte o mal funcionamiento. En algunos casos, las vías respiratorias intentan protegerse produciendo más moco o engrosando el revestimiento, un proceso que, en última instancia, obstruye el flujo de aire y reduce la eficiencia pulmonar.

Otra fuente de toxinas en el humo de la marihuana que se pasa por alto es el propio proceso de cultivo, incluso en plantas etiquetadas como orgánicas. Si bien muchos cultivadores buscan la pureza, la contaminación puede ocurrir a través del suelo, el aire y el agua. Se han detectado metales pesados como plomo, arsénico y cadmio en plantas de marihuana, absorbidos de suelo o fertilizantes contaminados. Cuando la planta se quema, estos metales se vaporizan y entran en el humo inhalado. Posteriormente, se acumulan en los pulmones y el torrente sanguíneo, contribuyendo a la toxicidad a largo plazo. El Dr. London recordó casos de pacientes con niveles elevados de metales pesados en sangre, a pesar de no haber fumado nunca ni haber vivido cerca de contaminación industrial. En varios casos, la marihuana fue la única fuente plausible.

Además, el moho y los hongos son comunes en la marihuana almacenada, especialmente cuando se cura de forma inadecuada o se mantiene en ambientes húmedos. Quemar el moho no neutraliza sus esporas; en cambio, libera irritantes adicionales en el humo. Inhalar estas esporas puede provocar infecciones respiratorias, reacciones alérgicas graves y, en casos raros, infecciones fúngicas difíciles de tratar. Si bien estos riesgos son más comunes en usuarios con sistemas inmunitarios debilitados, representan una amenaza para cualquiera que inhale humo contaminado.

Incluso vapear, a menudo considerado una alternativa más segura, no elimina la mayoría de estos riesgos. Si bien vapear evita la combustión, calienta los aceites a temperaturas lo suficientemente altas como para liberar partículas ultrafinas y compuestos orgánicos volátiles. La concentración puede diferir de la del humo, pero el problema fundamental persiste: inhalar partículas y sustancias químicas en los pulmones presenta riesgos que el sistema respiratorio no está diseñado para soportar. El Dr. London había visto pulmones dañados por vapear, al igual que por humo, aunque los patrones diferían. En ambos casos, los usuarios creían que los métodos eran seguros porque no implicaban quemaduras.

Otro aspecto importante del humo de la marihuana es que contiene cannabinoides que interactúan con el cuerpo más allá del cerebro. Estos compuestos pueden debilitar las defensas inmunitarias de los pulmones, dificultando la lucha contra las infecciones. Los diminutos vellos que recubren las vías respiratorias, llamados cilios, actúan como el sistema de limpieza de los pulmones. Se mueven rítmicamente, eliminando el polvo, los residuos y los microorganismos. La exposición al humo paraliza estos cilios. En ese estado de congelación temporal, los pulmones pierden su capacidad de autolimpieza. La exposición repetida prolonga esta parálisis, permitiendo que las toxinas y los patógenos se instalen más profundamente en las vías respiratorias. Con el paso de los meses y los años, esto contribuye a la inflamación crónica y aumenta el riesgo de enfermedades respiratorias.

La creencia de que el humo de la marihuana es inherentemente más seguro que el del tabaco porque proviene de una planta diferente se basa más en la percepción cultural que en hechos científicos. Las sustancias químicas producidas al quemar materia orgánica no discriminan. Se comportan según leyes químicas, no creencias sociales. El Dr. London había reflexionado a menudo sobre la forma diferente en que las personas abordarían la marihuana si comprendieran que el daño pulmonar que había presenciado era el resultado de inhalar las mismas sustancias que evitarían en casi cualquier otro contexto: alquitrán, carcinógenos, monóxido de carbono, metales pesados y compuestos orgánicos volátiles.

Los pulmones, con sus delicadas membranas y sus intrincadas vías respiratorias, no fueron diseñados para filtrar humo de ningún tipo. Su función es intercambiar oxígeno y dióxido de carbono, no procesar los subproductos de la combustión. Cada inhalación los obliga a lidiar con sustancias químicas que no están capacitados para neutralizar. Cada calada acumula daños microscópicos que se agravan con el tiempo.

El contenido del humo de la marihuana no es un misterio oculto en las revistas médicas. Es un resultado predecible de la quema de material vegetal. Las toxinas no desaparecen simplemente porque la planta se cultivó sin químicos. El alquitrán no se disuelve porque el consumidor cree que la experiencia es inofensiva. Los carcinógenos no desaparecen porque la cultura presente la marihuana como algo natural. El fuego transforma la materia orgánica en sustancias que los pulmones no pueden procesar con seguridad.

Comprender el contenido del humo de la marihuana, en su nivel más básico, implica reconocer la realidad por encima de la percepción. Es reconocer que una planta natural, al quemarse, produce consecuencias antinaturales en el cuerpo humano. Y es comprender que ninguna medida de marketing, cultura o creencia personal puede cambiar la química de la combustión.

Capítulo 10 – Pulmones ennegrecidos: Lo que los cirujanos ven en fumadores frecuentes de marihuana

El quirófano tiene una forma de despojarnos de ilusiones. Fuera del hospital, la gente se aferra a creencias: algunas culturales, otras generacionales, otras impulsadas por el marketing o las ilusiones. Sin embargo, dentro del quirófano, la verdad se revela de forma inequívoca. Los cirujanos aprenden rápidamente que el cuerpo no miente. Revelan cada hábito, cada sustancia inhalada, cada decisión de estilo de vida que se ha acumulado silenciosamente a lo largo de los años. El Dr. Jeremy London solía reflexionar que, por muy segura que alguien insistiera en que el humo de la marihuana era inofensivo, los pulmones que abría contaban una historia muy diferente. De pie junto a un tórax abierto, la evidencia estaba ante él: cruda, innegable y, a menudo, impactante incluso para los pacientes que creían haber tomado decisiones "saludables".

Durante más de veinticinco años, había observado el surgimiento de un patrón. Empezó con casos individuales que al principio parecían inusuales, incluso sorprendentes. Un joven de unos cuarenta y pocos años que nunca había fumado un cigarrillo llegó a urgencias sudando, con un dolor opresivo en el pecho que se irradiaba por el brazo izquierdo. Una mujer de apenas cincuenta años que tenía dificultades para respirar tras un mínimo esfuerzo, a pesar de afirmar que llevaba un estilo de vida natural y evitaba los alimentos procesados, el alcohol y el tabaco. Un estudiante universitario delgado y atlético se desplomó mientras corría por la mañana, dejando a todos desconcertados cuando las imágenes revelaron bloqueos coronarios graves, típicos de personas que le doblaban la edad. Sus historias diferían mucho, pero un detalle los conectaba: el consumo regular de marihuana.

Muchos de estos pacientes habían pasado toda su vida confiados en que la marihuana era la opción más segura, la alternativa orgánica, el humo inocuo. Numerosas conversaciones reflejaban el mismo sentimiento: frases como "Es natural", "Es solo una planta" o "No es como los cigarrillos" flotaban con cierta certeza cultural. Sin embargo, cuando el Dr. London les abrió las cavidades torácicas y observó directamente los tejidos responsables de mantenerlos vivos, lo que encontró desafió repetidamente esas suposiciones. Los pulmones, que antes se suponía que eran rosados y esponjosos, llevaban hollín incrustado en los pliegues tisulares. Vetas ennegrecidas se ramificaban hacia afuera en delicados patrones que representaban años de humo inhalado. Estos pulmones con frecuencia no se diferenciaban de los de los fumadores de toda la vida, y en ocasiones, eran incluso peores.

Recordaba con especial intensidad a un paciente, un hombre de cuarenta y cinco años que acudió con dificultad para respirar y molestias en el pecho que empeoraban. El paciente insistía en que llevaba una vida "sana", y cuando le preguntaron sobre el tabaco, respondió con seguridad que nunca había tocado un cigarrillo. Solo tras más preguntas admitió que consumía marihuana todas las noches para relajarse, a veces más los fines de semana. Lo describió con naturalidad, como si no tuviera importancia. Todos en su círculo social la consumían. Le parecía tan normal como una copa de vino por la noche a los demás. Incluso creía que lo protegía de los efectos nocivos del tabaco porque, según explicó, la marihuana era "solo una hierba".

En el quirófano, cuando le abrieron el esternón y aparecieron los pulmones, la visión contradijo todo lo que creía. En lugar de la suave superficie rosada que un cirujano espera ver, sus pulmones estaban teñidos de un gris carbón. Al tocarlos, partículas negras se elevaban como una tenue nube de polvo, casi imperceptibles pero inconfundiblemente presentes. Los tejidos se aferraban, pegajosos por el alquitrán. Las arterias que irrigaban el corazón presentaban placas tan gruesas que la sangre apenas podía pasar. Esto, a su vez, requirió un injerto de bypass, algo típicamente reservado para pacientes mayores con décadas de riesgo cardíaco. El equipo quirúrgico trabajó con rapidez, pero incluso para profesionales experimentados, el contraste visual entre la autopercepción del paciente y el estado de su cavidad torácica dejó una impresión duradera.

Casos como el suyo se repetían una y otra vez. A veces, estos individuos parecían físicamente en forma, incluso musculosos. A menudo asumían que su juventud o sus dietas sanas los protegían del riesgo. Pero el humo de la marihuana se había infiltrado silenciosamente en su sistema respiratorio, dejando un rastro de daño visible a simple vista al abrir el pecho. La materia orgánica quemada, independientemente de su origen, dejaba residuos de partículas que recubrían los bronquios, se depositaban profundamente en los alvéolos y oscurecían tejidos que nunca debieron estar en contacto con nada más que oxígeno. El Dr. London solía decir que a los pulmones no les importa si el humo proviene de un cigarrillo liado a mano o de un cogollo de cannabis cultivado en casa. El humo sigue siendo humo.

También había visto la decepción y la confusión en las familias que esperaban fuera del quirófano. Muchos familiares confiaban plenamente en la idea de que la marihuana era inofensiva. Cuando se enteraban de que su ser querido necesitaba intervenciones de emergencia, generalmente asociadas con el consumo prolongado de tabaco, a menudo respondían con incredulidad. Una esposa preguntó una vez por qué los pulmones de su esposo se describían como "casi negros", ya que nunca había fumado un cigarrillo de tabaco en su vida. Lo repitió varias veces, como esperando que la información cambiara al terminar la frase. Su confusión se convirtió en un silencio atónito mientras el cirujano explicaba que la inhalación habitual de marihuana, especialmente durante muchos años, contiene suficiente alquitrán, carcinógenos y cenizas microscópicas como para alterar drásticamente los tejidos pulmonares.

Algunos casos fueron más extremos, apuntando a un consumo crónico e intenso de marihuana que dejó los órganos en un estado de deterioro sorprendentemente avanzado. Un hombre de unos cincuenta años llegó con un dolor torácico intenso que se intensificó rápidamente; en veinte minutos, estaba pálido, sudando y apenas consciente. Las imágenes revelaron múltiples bloqueos coronarios, y la cirugía tuvo que ser realizada de inmediato. Durante la operación, el Dr. London encontró que sus pulmones no solo estaban oscurecidos, sino que tenían un color casi carbón alrededor del hilio, y las arterias que irrigan el corazón mostraban un grado de calcificación que debería haber tardado décadas en desarrollarse. El equipo quirúrgico tuvo dificultades para navegar entre vasos sanguíneos endurecidos. Después del procedimiento, con el paciente estable, el cirujano habló con la familia y se enteró de que había consumido marihuana a diario desde la universidad. Se quedaron impactados, insistiendo en que llevaba un estilo de vida saludable, aparte de este único hábito. Pero para el cirujano, la conexión era predecible desde hacía tiempo.

Tras más de dos décadas operando corazones y pulmones, el Dr. London había llegado a reconocer la característica característica de los pulmones expuestos a años de humo de marihuana. Observó cómo el hollín se asentaba de forma desigual en algunos pacientes, creando zonas donde el alquitrán se adhería con mayor intensidad a los lóbulos superiores, posiblemente debido a su patrón de inhalación. Observó alvéolos dañados y estirados, signos tempranos de enfisema que aparecían en personas demasiado jóvenes para tales cambios estructurales. Los revestimientos celulares a menudo mostraban irritación, compatible con una respuesta inflamatoria crónica. En algunos casos, el tejido pulmonar se sentía más denso y menos flexible, como endurecido por la exposición repetida al humo caliente. Estos detalles, visibles para el ojo experto, pintaban una imagen muy alejada del mito del humo "orgánico" inofensivo.

Uno de los descubrimientos más esclarecedores provino de pacientes que fumaban marihuana y tabaco, creyendo que la marihuana mitigaba de alguna manera los efectos nocivos de los cigarrillos. Sus pulmones a menudo presentaban daños en dos capas: los predecibles depósitos de alquitrán del tabaco y la acumulación resinosa y pegajosa de la marihuana. Esta combinación creaba tejido pulmonar que tenía dificultades para expandirse adecuadamente. Los instrumentos quirúrgicos a veces encontraban resistencia al separar las costillas, ya que la inflamación crónica hacía que los pulmones se adhirieran ligeramente a la pared torácica. En tales casos, incluso el sonido del tejido al separarse tenía una contundente irrevocabilidad que resonaba por toda la sala, un recordatorio de años de lesiones lentas y acumulativas.

Los pacientes jóvenes destacaban por una razón diferente. Muchos dudaban en admitir el consumo de marihuana, por temor a ser juzgados o por considerarlo irrelevante. El Dr. London recordó a un hombre de veintiocho años que llegó tras desmayarse en el trabajo. Sus amigos insistían en que era sano, atlético y llevaba un estilo de vida limpio. Durante la cirugía, el cirujano encontró depósitos sorprendentes en sus pulmones: grupos de partículas negras incrustadas en las profundidades del tejido. Sus arterias contenían formaciones de placa, más típicas de alguien de cuarenta y tantos años. Cuando se informó a la familia después, se mostraron incrédulos e insistieron repetidamente en que solo fumaba "hierba natural". Sin embargo, la evidencia en su pecho contaba una historia que contradecía toda suposición.

Estas experiencias acumuladas a lo largo de los años reforzaron una verdad que pocos fuera del ámbito médico comprenden plenamente. Muchos de los fumadores de cannabis tratados por el Dr. London nunca se habían considerado "fumadores". Evitaban la etiqueta deliberadamente, asociándola únicamente con el tabaco. Esta separación psicológica les impedía ver la realidad de que seguían inhalando material quemado: humo denso, caliente y cargado de sustancias químicas que transportaba alquitrán, carcinógenos y partículas finas a las delicadas vías respiratorias. El pulmón humano, optimizado durante millones de años exclusivamente para el intercambio de oxígeno, carece de un mecanismo integrado para filtrar o neutralizar los restos vegetales quemados. Cada inhalación provocaba microlesiones, y la acumulación de estas lesiones acababa manifestándose en los tejidos que observaba el cirujano.

En los quirófanos a lo largo de su carrera, el Dr. London rara vez escuchó conversaciones entre cirujanos que afirmaran que los pulmones de marihuana parecían limpios o intactos. Entre quienes pasaban sus días dentro de las cavidades torácicas, el consenso era muy diferente de la percepción pública. Cirujanos, anestesiólogos y neumólogos —quienes interactuaban directamente con los sistemas orgánicos— coincidían en que el humo de la marihuana causaba daños visibles, y sus efectos a menudo se manifestaban antes de lo que los pacientes anticipaban. Un caso particularmente memorable fue el de un hombre de unos cuarenta y pocos años que insistió durante toda su consulta en que la marihuana le había ayudado a "mantener la calma", "controlar el estrés" y "evitar el alcohol". La consideraba una herramienta de protección, algo que favorecía su bienestar mental. Pero cuando sufrió un episodio cardíaco repentino, el equipo de urgencias descubrió que padecía una enfermedad coronaria grave. Durante la cirugía, sus pulmones revelaron una profunda capa negra en varias zonas, especialmente cerca de los lóbulos superiores. Mientras el Dr. London suturaba e injertaba vasos sanguíneos para restablecer el flujo sanguíneo, reflexionó sobre la frecuencia con la que las narrativas personales contradicen las realidades biológicas. El paciente se recuperó, pero la experiencia transformó su comprensión de los efectos de la marihuana para siempre.

Otro paciente, un profesor universitario de sesenta años, había fumado marihuana ocasionalmente durante décadas, creyendo que era segura porque nunca se volvió adicto ni la consumió en exceso. Sobrevivió a una compleja cirugía de bypass y, después, cuando el equipo quirúrgico le explicó el estado de sus pulmones, escuchó con un silencio atónito. Mencionó que había formado parte de los primeros movimientos culturales que abogaban por el consumo de marihuana, creyendo que era mucho más suave para el cuerpo que el tabaco o el alcohol. La información que aprendió durante la recuperación desafió las creencias que había mantenido durante más de cuarenta años. Como dijo más tarde en voz baja, deseaba que le hubieran mostrado sus propios pulmones mucho antes.

Historias como estas moldearon la motivación del Dr. London para hablar públicamente y educar a otros. La discrepancia entre lo que veía quirúrgicamente y lo que el público creía se acentuaba cada año. Las redes sociales fomentaban la idea de la marihuana como una alternativa totalmente segura, y las campañas de legalización a menudo minimizaban los riesgos asociados al tabaco. Mientras tanto, los pulmones que operó presentaban un panorama claro y consistente: la exposición repetida al humo de la marihuana dejaba marcas físicas, afectaba la función y contribuía a obstrucciones que provocaban eventos cardíacos potencialmente mortales.

El contraste entre la percepción cultural y la realidad médica lo perturbaba profundamente. Los cirujanos no dedican tiempo a discutir mitos médicos durante las operaciones; se centran en reparar lo que encuentran. Pero con el paso de los años y la acumulación de casos, creció en él una sensación de urgencia. Demasiadas personas confiaban en una ilusión. Demasiadas creían que, por ser natural, la marihuana era inofensiva. Y demasiadas se sorprendieron, a veces fatalmente, al ver las consecuencias.

No todos los fumadores de marihuana experimentan el mismo grado de daño, pero el patrón era inconfundible. Con el tiempo, el humo remodelaba los pulmones, recubriendo superficies, obstruyendo las vías respiratorias y contribuyendo a la formación de placa en las arterias. Estos no eran riesgos abstractos ocultos tras estadísticas. Eran realidades físicas que el Dr. London sostenía en sus manos enguantadas, iluminadas por lámparas quirúrgicas, mientras trabajaba para salvar vidas que podrían haberse protegido mucho antes.

Los pulmones ennegrecidos que vio eran testimonios silenciosos. Decían la verdad que rara vez se reconocía en el debate público. Revelaban que la etiqueta "orgánico" no elimina el daño del humo. Demostraban que creer que algo es seguro no lo hace seguro. Y reforzaban un mensaje crucial que esperaba que los lectores conservaran: los pulmones recuerdan todo lo inhalado y, con el tiempo, revelan la verdad, incluso si sus dueños nunca se dieron cuenta de que el daño se acumulaba con cada inhalación.

Capítulo 11 – Bronquitis crónica, daño a las vías respiratorias y tos por marihuana

La primera señal de que algo anda mal en los pulmones rara vez es drástica. No suele comenzar con un colapso de las vías respiratorias, una pérdida repentina de aliento ni una visita dramática a urgencias. Con más frecuencia, la primera advertencia se presenta disfrazada de una pequeña irritación: una tos ocasional que se convierte en hábito, una pequeña flema que aparece cada mañana, una sibilancia que se descarta como simple sequedad o fatiga. Durante años, el Dr. London había observado cómo los fumadores de marihuana ignoraban estos primeros síntomas, creyendo firmemente que eran inofensivos o pasajeros. Algunos pacientes insistían en que su tos se debía al aire frío, alergias o deshidratación. Otros afirmaban que solo sucedía cuando "daban una calada demasiado fuerte". Muy pocos comprendían que estaban experimentando los inicios de una bronquitis crónica, una afección que se desarrolla silenciosamente y se forma en los pulmones mucho antes de que se haga un diagnóstico.

El Dr. London aprendió a reconocer el inconfundible sonido de la tos de la marihuana incluso antes de examinar a un paciente. Tenía un ritmo distintivo, un tono profundo y vibrante producido por la mucosidad que se adhería obstinadamente a las vías respiratorias. Muchos de los pacientes que acudían a su clínica llevaban esta tos consigo sin saberlo. Cuando se sentaban y empezaban a describir sus problemas médicos, a menudo oía el característico carraspeo, un intento de expulsar los residuos que parecían acumularse en el pecho durante la noche. Algunos se reían, refiriéndose a ello como "la rutina matutina". Otros lo restaban importancia, describiéndolo como una molestia menor. Pero bajo esta actitud despreocupada se escondían años de irritación, inflamación y cambios celulares causados por la exposición repetida al humo caliente.

Uno de los primeros casos que lo impactaron fue el de una joven de veintitantos años llamada Lila, quien llegó a la clínica quejándose de fatiga y dificultad para respirar, aunque insistía en que por lo demás estaba sana. Mencionó que llevaba un estilo de vida sano, hacía ejercicio con regularidad y evitaba el tabaco por completo. Sin embargo, mientras hablaba, se detenía repetidamente para toser, presionándose un pañuelo contra la boca con vergüenza. Cuando se le preguntó cuánto tiempo llevaba experimentando estos síntomas, admitió que llevaba casi tres años con la tos. Simplemente había asumido que era "normal" para alguien que fumaba marihuana a diario. Creía, como muchos otros, que la tos era parte de la experiencia: una molestia más que una señal de alerta.

Sus pruebas de función pulmonar revelaron signos tempranos de enfermedad obstructiva de las vías respiratorias. Al realizar la broncoscopia, la cámara mostró vías respiratorias enrojecidas e inflamadas, salpicadas de mucosidad adherida a las paredes bronquiales. Los tejidos parecían más gruesos de lo debido, y el revestimiento liso había sido reemplazado por superficies irritadas que sugerían traumatismos repetidos. Se sorprendió al saber que presentaba el inicio de una bronquitis crónica a tan temprana edad.

Historias como la suya se repetían con tanta frecuencia que parecían formar un patrón. La Dra. London observó cómo innumerables fumadores de marihuana normalizaban sus síntomas. Tosían durante el entrenamiento y se reían de ello. Se despertaban cada mañana con el pecho lleno de mocos y asumían que sus cuerpos estaban "limpiando toxinas". Muchos creían que la irritación era temporal y pasajera, sin saber que lo que experimentaban era en realidad un daño estructural de las vías respiratorias acumulado durante años.

El calor del humo jugó un papel importante. La marihuana arde a altas temperaturas, y el humo inhalado penetra profundamente en los bronquios y bronquiolos con cada calada. A diferencia del aire fresco y filtrado que los pulmones fueron diseñados para procesar, este humo caliente y cargado de partículas golpeaba las paredes de las vías respiratorias como papel de lija cada vez. El cuerpo, en un intento de protegerse, desencadenó una inflamación como medida defensiva. Los vasos sanguíneos se dilataron, los tejidos se hincharon y la producción de moco aumentó drásticamente para atrapar partículas extrañas antes de que pudieran llegar a los alvéolos. Pero cuando este ciclo se repitió día tras día, el proceso de protección se volvió patológico. Las vías respiratorias se engrosaron, se desarrolló tejido cicatricial y las paredes bronquiales perdieron su capacidad para expandirse y contraerse con suavidad. Lo que comenzó como un mecanismo de defensa se transformó lentamente en una enfermedad crónica.

Algunos pacientes insistían en que nunca sentían falta de aire, pero el Dr. London sabía que muchos simplemente no reconocían los síntomas. Adaptaban sus actividades, subían escaleras más despacio o evitaban el ejercicio intenso sin reconocer conscientemente el motivo. Otros interpretaban las sibilancias como un ruido inofensivo, en lugar de una señal de que el aire tenía dificultades para pasar por las vías respiratorias estrechas. Al preguntarles con qué frecuencia tosían, muchos respondían con incertidumbre, pues ya no recordaban ningún momento en que no lo hicieran. Para ellos, la tos se había convertido en parte de su identidad, integrada silenciosamente en su vida diaria.

Un caso en particular ilustró cómo la negación puede ocultar la gravedad de los síntomas. Un hombre de unos treinta y tantos años llamado Víctor llegó a una revisión rutinaria tras notar una opresión persistente en el pecho. Había consumido marihuana desde la universidad y liaba varios porros al día. Insistió en que su tos era normal porque «todos los fumadores que conozco tienen la misma». Mientras hablaba, se interrumpía repetidamente con toses que resonaban por toda la sala de reconocimiento. Cuando se le preguntó si producía moco, respondió con naturalidad que escupía en el lavabo todas las mañanas, asumiendo que era una simple reacción al aire seco. Pero cuando le realizaron una imagen, sus vías respiratorias mostraron un engrosamiento e inflamación compatibles con bronquitis crónica. Su capacidad pulmonar era casi un 20 % inferior a la esperada para su edad. La revelación lo sorprendió, a pesar de que las pistas llevaban años presentes.

El Dr. London dedicó incontables horas a explicar a sus pacientes que los pulmones no distinguen entre las fuentes de humo. Reaccionan a lo que entra en ellos. Al exponerse repetidamente al aire caliente y lleno de partículas, los tejidos responden con inflamación. Con el tiempo, esto provoca la remodelación de las vías respiratorias, un proceso en el que los bronquios cambian de forma y grosor. Las capas de músculo liso se endurecen, lo que dificulta la expansión completa de los pulmones. Las glándulas mucosas se agrandan, produciendo más flema de la que el cuerpo puede eliminar fácilmente. Cada inhalación se vuelve ligeramente menos eficiente. Cada respiración transporta un poco menos de oxígeno. Y cada año, la capacidad de recuperación disminuye.

Algunos pacientes preguntaban si usar un bong, una pipa o un vaporizador los protegería. Creían que estos dispositivos filtraban sustancias nocivas. Pero lo cierto era que la combustión de la materia vegetal, independientemente del método de administración, generaba los mismos subproductos irritantes: alquitrán, monóxido de carbono, amoníaco, óxidos de nitrógeno y partículas microscópicas que se incrustaban en las vías respiratorias. La tos posterior era el intento del cuerpo de expulsar estos intrusos. Pero a medida que la inflamación empeoraba, la tos se volvía menos eficaz y más crónica.

El Dr. London recordó a un paciente que se destacó por su idea errónea de que un equipo costoso protegía sus pulmones. El paciente, un desarrollador de software de treinta y dos años, se describía a sí mismo como un "conocedor de cepas premium". Invertía en cristalería de alta gama y se enorgullecía de usar solo cannabis "puro y de alta calidad". Llegó a la clínica porque su pareja lo instó a hacerse un examen después de oírlo jadear por la noche. Ignoró los síntomas, diciendo que las sibilancias se debían "solo a la intensidad de la cepa". Durante el examen, mostró carraspeo casi constante, y las pruebas pulmonares revelaron una enfermedad obstructiva leve. Cuando le mostraron los resultados, se quedó atónito, comentando que creía que la "hierba completamente natural" no podía dañar sus pulmones. Pero sus vías respiratorias contaban una historia diferente: irritación repetida e inflamación crónica.

El Dr. London también atendió a personas que desarrollaron hipersensibilidad respiratoria, una afección en la que las vías respiratorias reaccionan intensamente a desencadenantes menores, como el aire frío o el esfuerzo físico. Muchos fumadores de marihuana reportaron sentir opresión en el pecho al correr o subir escaleras en una mañana fría. Algunos describieron episodios de tos tan intensos que les impedían respirar momentáneamente. Estos episodios a menudo los asustaban, pero seguían fumando, creyendo que la irritación era temporal o no tenía relación. Con el tiempo, estos espasmos de las vías respiratorias podían empeorar, especialmente si se combinaban con bronquitis crónica.

Un paciente, músico de unos cuarenta años, fumaba marihuana desde la adolescencia. Durante décadas, ignoró sus síntomas, atribuyendo su tos persistente a cantar demasiado. Cuando acudió a la clínica tras experimentar un episodio aterrador de disnea durante una actuación, las imágenes mostraron un estrechamiento significativo de las vías respiratorias. La broncoscopia reveló una inflamación crónica de las paredes bronquiales, que se habían engrosado con el tiempo. Las glándulas mucosas estaban agrandadas e hiperactivas, creando un flujo constante de secreciones que su cuerpo tenía dificultades para eliminar. Escuchó en silencio mientras le explicaban los hallazgos. Confesó que siempre había creído que la marihuana era suave para los pulmones, sin imaginar jamás que pudiera causar daños permanentes.

Con el paso de los años, el Dr. London se acostumbró a oír las mismas suposiciones. Muchos pacientes creían que la marihuana solo causaba irritación temporal, sin daños a largo plazo. Insistían en que era más segura que el tabaco porque provenía de una planta natural. Creían que toser al fumar era simplemente parte del ritual, no una señal de daño subyacente. Pero al examinar cientos de imágenes pulmonares, pruebas y hallazgos quirúrgicos, observó la creciente evidencia de bronquitis crónica en consumidores habituales. La inflamación, el engrosamiento y la acumulación de moco no desaparecían con el tiempo. Se enredaban en la arquitectura pulmonar, reduciendo el flujo de aire y la calidad de vida.

En casos graves, los pacientes llegaron a un punto en que sus pulmones no podían eliminar completamente la mucosidad sin ayuda. Algunos requirieron fisioterapia respiratoria, broncodilatadores o tratamientos con esteroides. Otros tenían dificultades para realizar actividades cotidianas que antes les resultaban fáciles, con dificultad para respirar incluso con el más mínimo esfuerzo. La tos de marihuana, que antes consideraban inofensiva, se convirtió en un recordatorio constante del daño en las vías respiratorias.

El efecto acumulativo de la bronquitis crónica también aumentaba la vulnerabilidad a las infecciones. Cuando la mucosidad se acumulaba en las vías respiratorias, creaba un caldo de cultivo para las bacterias. El Dr. London trataba con frecuencia a fumadores de marihuana con bronquitis recurrente, y cada episodio irritaba aún más sus vías respiratorias, ya inflamadas. En algunos casos, estos pacientes desarrollaban neumonía con mayor facilidad de lo esperado para su edad. Sus pulmones, agobiados por la inflamación crónica, carecían de la resistencia necesaria para afrontar nuevos desafíos.

Pero quizás lo más sorprendente fue el tiempo que los pacientes esperaban antes de buscar ayuda. Muchos vivieron con los síntomas durante años, racionalizándolos como parte normal de su hábito de fumar. Creían que su juventud los protegía. Creían que "todos tosen cuando fuman". Creían que el humo de la marihuana se comportaba de forma diferente en los pulmones que el del tabaco. Sin embargo, el Dr. London veía a diario cómo estas creencias enmascaraban la verdad.

Los pulmones son órganos delicados: estructuras suaves y rosadas diseñadas para la sencilla tarea de intercambiar oxígeno y dióxido de carbono. Nunca fueron diseñados para filtrar humo caliente, alquitrán ni residuos microscópicos. Cuando el humo de la marihuana entra, deja un residuo que la inflamación intenta combatir, pero que finalmente no logra eliminar. Con el tiempo, el revestimiento de las vías respiratorias se inflama, se engrosa y cambia. La tos que sigue no es un efecto secundario inofensivo; es la súplica del cuerpo para aliviarse.

El Dr. London a menudo deseaba poder mostrar a los pacientes el interior de sus vías respiratorias tal como las ve un cirujano, tal como las revelan las imágenes. Creía que si podían observar la inflamación de los bronquios, la mucosidad persistente, las células irritadas y el estrechamiento gradual de las vías respiratorias, podrían comprender la gravedad de sus síntomas mucho antes de que la bronquitis crónica se arraigara. Pero la mayoría de los pacientes solo se enfrentan a la verdad cuando su vida diaria se ve notablemente afectada: cuando subir escaleras les resulta más difícil, cuando los ataques de tos se vuelven más frecuentes o cuando sienten la respiración pesada después de un pequeño esfuerzo.

Tras décadas de práctica clínica, aprendió que la bronquitis crónica en fumadores de marihuana rara vez se presenta de repente. En cambio, se presenta lentamente, desarrollándose a lo largo de los años, oculta tras la falsa creencia de que "lo natural es seguro". Se incrusta en el tejido, remodelando las vías respiratorias con cada inhalación, cada tos, cada mañana que se pasa carraspeando.

Y mientras la cultura de la marihuana sigue celebrando la relajación, la creatividad y la calma, los pulmones cargan silenciosamente con la carga, revelando su historia en forma de mucosidad, inflamación y estrechamiento de las vías respiratorias. Al final, cada tos se convierte en un mensaje, cada silbido en una advertencia y cada respiración en un recordatorio de que los pulmones no pueden escapar de las consecuencias de la exposición repetida al humo, sin importar la fuente.

Capítulo 12 – Marihuana vs. Humo de Tabaco: Más Similares de lo que Crees

Durante años, la idea de que el humo de la marihuana era, de alguna manera, más limpio, suave y seguro que el humo del tabaco se había repetido en conversaciones informales, reuniones universitarias, hilos en redes sociales e incluso en las salas de espera de las clínicas. Se decía como si fuera una verdad innegable, transmitida de un usuario a otro con la confianza del folclore. La gente afirmaba que era "solo una planta", que su humo era "natural" o que no podía dañar los pulmones como los cigarrillos porque el tabaco contenía aditivos y sustancias químicas. Sin embargo, en los quirófanos y laboratorios de diagnóstico, se desarrollaba una historia muy diferente: los pulmones de los fumadores frecuentes de marihuana se parecían angustiosamente a los dañados por décadas de consumo de tabaco. Y desde un punto de vista científico, la combustión era combustión: una vez que se quemaba una planta, el humo resultante seguía patrones químicos predecibles que poco importaban si la planta era orgánica, legal, recreativa o ritual.

La comparación entre el humo de la marihuana y el del tabaco a menudo comenzaba a nivel molecular, donde cualquier material vegetal en combustión producía una mezcla de toxinas que incluía alquitrán, carcinógenos, hidrocarburos aromáticos policíclicos, monóxido de carbono y partículas finas. Dentro de la neblina que emanaba de un porro o un cigarrillo se encontraban compuestos que se adherían al tejido pulmonar, inflamaban las vías respiratorias, irritaban los bronquios e iniciaban daño celular. Estudios habían demostrado repetidamente que el humo de la marihuana contenía muchas de las mismas sustancias nocivas presentes en el humo del tabaco, a veces en concentraciones incluso mayores debido a la estructura de la planta de cannabis y la temperatura de combustión. Sin embargo, la mayoría de los consumidores se aferraban a la creencia de que la marihuana, de alguna manera, estaba exenta de estas advertencias.

Parte de la idea errónea se debía al propósito de cada sustancia. El tabaco había sido ampliamente reconocido como dañino durante décadas, vinculado al cáncer de pulmón, enfermedades cardíacas y enfermedad pulmonar obstructiva crónica mediante investigaciones exhaustivas y campañas de salud pública enérgicas. La marihuana, en cambio, se asociaba culturalmente con la relajación, la creatividad, el uso medicinal y la juventud. La gente no la veía desde la perspectiva de la adicción industrial, sino como una hierba natural. Pero los pulmones no diferenciaban la intención. Recibían humo, calor y partículas de la misma manera, y las reacciones bioquímicas resultantes eran sorprendentemente similares en ambas sustancias.

Al analizar la producción de alquitrán, por ejemplo, la distinción entre el humo de marihuana y el de tabaco prácticamente desapareció. El alquitrán, un residuo pegajoso que se adhería persistentemente a las paredes de las vías respiratorias, se depositaba profundamente en los pulmones y desencadenaba los mismos procesos inflamatorios, independientemente de si provenía de cannabis o de tabaco. El alquitrán servía como portador de carcinógenos, permitiéndoles un contacto prolongado con el delicado tejido respiratorio. Incluso los fumadores ocasionales de marihuana mostraron una exposición al alquitrán similar a la de los fumadores de tabaco que consumían varios cigarrillos al día. Y para quienes fumaban a diario o varias veces al día, la acumulación de alquitrán a menudo superaba los niveles encontrados en los fumadores de tabaco de un paquete al día.

Otra similitud pasada por alto residía en la formación de hidrocarburos aromáticos policíclicos (HAP), una potente clase de carcinógenos que se produce al quemar materia orgánica. Se había descubierto que el humo de la marihuana contenía varios HAP en cantidades iguales o superiores a las del humo del tabaco, incluyendo compuestos como el benzo[a]pireno, fuertemente vinculado al cáncer de pulmón y las enfermedades cardiovasculares. El acto de quemar, y no la propia planta, generaba estas moléculas cancerígenas. Independientemente de si alguien inhalaba humo de una hoja de tabaco o de un cogollo de cannabis, estos subproductos se formaban a partir del mismo proceso de combustión incompleta.

Sin embargo, una de las diferencias más notables entre ambos humos no residía en el contenido químico, sino en cómo los usuarios los inhalaban. Los fumadores de tabaco solían dar caladas más cortas y superficiales, y los cigarrillos ardían constantemente incluso cuando no se inhalaban activamente. Los consumidores de marihuana, en cambio, tendían a inhalar profundamente, reteniendo el humo en los pulmones durante largos periodos para intentar absorber más THC. Esta retención de la respiración aumentaba drásticamente el tiempo de contacto entre las toxinas y el tejido pulmonar. En algunos estudios observacionales, los fumadores de marihuana aguantaban la respiración hasta cuatro veces más que los fumadores de cigarrillos comunes. Esta exposición prolongada magnificaba la cantidad de alquitrán y carcinógenos depositados en el sistema respiratorio.

La inhalación más profunda también permitió que el humo penetrara en las vías respiratorias más estrechas, alcanzando regiones del pulmón diseñadas para el delicado intercambio de gases en lugar de la defensa contra irritantes. Estas estructuras, los alvéolos, no fueron diseñadas para soportar calor intenso ni el bombardeo de partículas. Al exponerse repetidamente al humo de la marihuana, comenzaron a perder elasticidad y función, lo que contribuyó al atrapamiento de aire, la disminución de la capacidad pulmonar y una mayor susceptibilidad a las infecciones respiratorias. Este patrón de daño reflejó la patología observada en fumadores de tabaco a largo plazo, a pesar de las diferencias en la frecuencia de consumo.

La exposición al monóxido de carbono creó otro hilo conductor que conectaba los daños del humo de marihuana y tabaco. El monóxido de carbono se unía a la hemoglobina con mayor facilidad que el oxígeno, reduciendo la capacidad de la sangre para transportar oxígeno a los órganos vitales. Los investigadores descubrieron que los fumadores de marihuana presentaban con frecuencia niveles elevados de carboxihemoglobina —incluso superiores a los observados en los fumadores de tabaco— debido a patrones de inhalación más profundos y prolongados. En los jóvenes que se creían inmunes al estrés cardiovascular, este cambio en el transporte de oxígeno aumentaba silenciosamente el riesgo de arritmias, hipertensión arterial y eventos cardíacos.

Dentro del tracto respiratorio, los cilios —diminutas estructuras similares a pelos, responsables de eliminar la mucosidad, el polvo y los patógenos— se vieron afectados por la exposición a ambos tipos de humo. Si bien los efectos del tabaco se habían estudiado ampliamente, el humo de la marihuana producía un efecto paralizante similar, reduciendo las defensas naturales de los pulmones. Con el tiempo, esto contribuyó a la bronquitis crónica, la tos persistente, la acumulación de moco y las infecciones recurrentes. Muchos consumidores frecuentes de marihuana que desestimaban su tos como señal de "buena hierba" o "una calada fuerte" en realidad experimentaban los primeros síntomas de daño en las vías respiratorias.

Los médicos habían encontrado numerosos casos de consumidores de marihuana, convencidos de que sus pulmones estaban limpios por haber evitado el tabaco, que se sorprendían al descubrir una inflamación significativa de las vías respiratorias, estrechamiento o incluso enfermedad pulmonar bullosa (grandes bolsas de aire formadas por la destrucción del tejido pulmonar). Estas anomalías aumentaban el riesgo de neumotórax espontáneo, una afección en la que el pulmón colapsa inesperadamente, lo que a menudo requería intervención de emergencia. En ocasiones, los cirujanos observaron que estos cambios pulmonares se asemejaban a los observados en fumadores habituales, a pesar de que el paciente nunca había probado el tabaco.

Otro factor que difuminaba la línea entre los daños de la marihuana y el tabaco era la práctica común de mezclar ambas sustancias en porros o blunts. Incluso entre quienes afirmaban evitar el tabaco, la marihuana enrollada solía incluir hojas de tabaco, lo que exponía inadvertidamente a los consumidores a la nicotina y otras toxinas. Esta combinación agravaba el daño respiratorio e introducía potencial adictivo, lo que complicaba aún más la creencia de que el consumo de marihuana seguía siendo más seguro o más "natural".

A veces se argumentaba que el humo de la marihuana carecía de ciertos aditivos presentes en los productos comerciales de tabaco, lo que sugería un perfil químico más limpio. Sin embargo, las investigaciones demostraron repetidamente que la mayoría de los compuestos nocivos del humo del tabaco no eran aditivos, sino subproductos de la combustión de materia vegetal. Ya se quemara una hoja de tabaco sin tratar, un cogollo de cannabis seco o cualquier otro material orgánico, muchos de los mismos carcinógenos e irritantes emanaban del proceso de combustión. A los pulmones no les importaba si se había aplicado un pesticida o un saborizante; el daño fundamental provenía de inhalar humo caliente y químicamente complejo.

Los usuarios a menudo pasaban por alto el peligro de las partículas finas (partículas microscópicas generadas en abundancia tanto por el humo de la marihuana como del tabaco). Estas partículas penetraban profundamente en los pulmones, eludiendo los mecanismos de defensa iniciales. Una vez alojadas en el sistema respiratorio, desencadenaban inflamación y estrés oxidativo, procesos vinculados a diversas enfermedades, como el asma, la EPOC y el cáncer de pulmón. El humo de la marihuana producía cantidades significativas de partículas finas y, debido a los patrones típicos de inhalación y contención de la respiración, los usuarios solían retener más cantidad por calada que los fumadores de cigarrillos.

La distinción psicológica entre la marihuana y el tabaco también contribuyó a la percepción errónea del riesgo. Fumar tabaco estaba ampliamente estigmatizado debido a décadas de campañas antitabaco, mientras que la marihuana había experimentado una ola de normalización cultural. Su asociación con la relajación, los vínculos sociales, la creatividad y el uso medicinal brindaba a las personas una sensación de seguridad, incluso de superioridad, sobre los fumadores de tabaco. Sin embargo, la biología permaneció indiferente a las narrativas culturales. Cuando el humo entraba en los pulmones, se producían los mismos procesos independientemente de la planta de origen: las células se irritaban, los cilios se dañaban y las partículas tóxicas se incrustaban en los tejidos.

En clínicas y salas de urgencias, los médicos se encontraban con frecuencia con adultos jóvenes que llegaban con problemas respiratorios, creyéndose a salvo de daños graves por evitar el tabaco. Su sorpresa era palpable cuando las tomografías revelaban engrosamiento de las vías respiratorias, obstrucción mucosa o signos tempranos de cambios similares al enfisema. Algunos expresaron incredulidad cuando se les explicó que el humo de la marihuana había contribuido significativamente a sus síntomas. Muchos habían insistido en que la marihuana "no se parecía en nada al tabaco", una frase repetida sin cuestionar la base de tal certeza.

La idea de que el humo de la marihuana era fundamentalmente diferente del humo del tabaco a menudo se desmoronaba bajo el escrutinio científico. Los investigadores que analizaron la composición química de ambos humos encontraron listas superpuestas de compuestos nocivos: benceno, acetaldehído, amoníaco, cianuro de hidrógeno, óxidos nítricos y compuestos orgánicos volátiles. En algunos análisis, el humo de la marihuana produjo concentraciones aún más altas de amoníaco, que irritó y dañó el tejido respiratorio. La ausencia de nicotina en la marihuana no eliminó el daño; la nicotina era adictiva, pero el daño a los pulmones provenía del propio humo. Incluso el método de fumar contribuía a agravar los daños. Los porros, por ejemplo, carecían de filtros, lo que exponía a los usuarios a un humo sin filtrar que liberaba grandes cantidades de alquitrán y partículas. Los dispositivos para fumar, como las pipas o los bongs, no eliminaban las toxinas; si bien la filtración del agua eliminaba parte del calor y una pequeña fracción de partículas, la mayoría de las sustancias químicas nocivas pasaban. Muchos creían que un humo más suave equivalía a un humo más seguro, pero la realidad química no respaldaba esta suposición.

Algunos usuarios argumentaron que su consumo era ocasional o recreativo, asumiendo que la exposición poco frecuente minimizaba el riesgo. Sin embargo, la intensidad y duración de la inhalación al fumar marihuana implicaba que incluso el consumo ocasional liberaba dosis significativas de toxinas por sesión. A diferencia de los fumadores de cigarrillos, que consumían múltiples dosis pequeñas a lo largo del día, los fumadores de marihuana solían inhalar humo intensamente concentrado durante un período más corto. Este patrón sometía a un estrés agudo a los pulmones y al sistema cardiovascular, y, repetido durante meses y años, contribuía al daño acumulativo.

Desde una perspectiva de salud pública, el reto no residía en demonizar la marihuana, sino en presentar una comprensión precisa de las consecuencias fisiológicas de fumarla. El objetivo no era un juicio moral, sino la claridad científica: los pulmones eran frágiles y cualquier tipo de humo presentaba riesgos. Las posibles propiedades medicinales de la marihuana no anulaban los peligros de inhalar los subproductos de su combustión. Comprender las similitudes entre la marihuana y el humo del tabaco permitía a los consumidores tomar decisiones informadas, sin caer en el mito de que una era intrínsecamente inofensiva simplemente por provenir de una planta diferente.

Hubo personas que, tras conocer las realidades químicas, optaron por métodos alternativos de consumo de marihuana que evitaban la combustión. La vaporización, los comestibles y las tinturas ofrecían maneras de experimentar los efectos sin los subproductos nocivos del humo. Sin embargo, estos métodos conllevaban sus propias consideraciones y requerían una dosificación cuidadosa y conocimiento. Aun así, demostraron que la reducción de daños era posible cuando la desinformación se reemplazaba con conocimiento científico.

Finalmente, la comparación entre el humo de la marihuana y el del tabaco reveló una verdad que durante mucho tiempo había sido eclipsada por estereotipos culturales: la respuesta del cuerpo al humo inhalado no dependía de la legalidad, la tradición ni la narrativa social. Dependía de la química de la combustión y de la vulnerabilidad del sistema respiratorio. Tanto el humo de la marihuana como el del tabaco contenían toxinas, carcinógenos, irritantes y alquitrán. Ambos perjudicaban la función pulmonar, aumentaban la inflamación e introducían partículas finas en tejidos sensibles. Ambos conllevaban el potencial de causar daños respiratorios y cardiovasculares a largo plazo.

A medida que surgían más investigaciones y los médicos compartían sus experiencias en quirófanos y clínicas, la línea que separaba la percepción de seguridad del humo de marihuana de los peligros conocidos del humo de tabaco se hizo más tenue. Las creencias culturales siguieron evolucionando, pero la ciencia subyacente se mantuvo firme: los pulmones reconocían el humo por lo que era, independientemente de su origen. Al comprender estos paralelismos, los lectores podían tomar decisiones informadas basadas en la biología y no en mitos, reconociendo que el daño no provenía de la planta en sí, sino del acto de quemarla y extraer sus subproductos hasta las partes más delicadas del cuerpo.

CAPÍTULO 13 – DEPENDENCIA DISFRAZADA: POR QUÉ LA ADICCIÓN AL CANNABIS A MENUDO PASA DESAPERCIBIDA

Durante años, el cannabis se había presentado como un hábito inofensivo, una vía de escape recreativa sin las sombras oscuras que suelen asociarse con la adicción. La gente repetía frases como mantras:*Nadie se vuelve adicto a la marihuana*,*No es como el alcohol o los cigarrillos.*,*Puedo dejarlo en cualquier momento*Estas palabras se transmitían con naturalidad por los campus universitarios, se susurraban con seguridad en salas de estar llenas de humo y se publicaban en redes sociales. Se pronunciaban como si fueran hechos. Sin embargo, bajo esta certeza cultural se escondía una realidad médica muy distinta, a menudo oculta y rara vez reconocida por los propios consumidores: la adicción al cannabis existía y había estado transformando silenciosamente la vida cotidiana de millones de personas que creían tener el control total.

La dependencia no siempre se manifestaba con síntomas dramáticos o comportamientos disruptivos. En cambio, se movía con sutileza, a través de rutinas, patrones emocionales y la lenta reestructuración de la química cerebral que se desarrollaba desapercibida. La dependencia del cannabis rara vez se asemejaba a las formas de adicción evidentes e inconfundibles que se observan en sustancias como los opioides o el alcohol. Se manifestaba de maneras más sutiles: incapacidad para dormir sin él, un ligero toque de irritabilidad ante la ausencia de una dosis nocturna, opresión en el pecho cuando escaseaban las reservas o una creciente dependencia del cannabis como único mecanismo de afrontamiento del estrés. Estos comportamientos a menudo se integraban en la vida cotidiana de forma tan fluida que los consumidores no los reconocían como lo que eran.

Muchas personas que consumían cannabis a diario creían sinceramente que lo elegían libremente, sin percatarse de que el cerebro había empezado a incitarlas a consumirlo mediante señales tempranas de abstinencia. La irritabilidad, la inquietud y el insomnio solían desestimarse como signos de un día largo o de estrés no relacionado. El aumento de la ansiedad matutina podía atribuirse al trabajo en lugar de a la ausencia de THC en el torrente sanguíneo. Los cambios de apetito o de humor se justificaban con justificaciones superficiales. Sin embargo, estos cambios sutiles eran la huella de la dependencia fisiológica, un estado en el que el cerebro se ajustaba a esperar una ingesta regular de cannabis.

Una de las razones por las que la dependencia del cannabis pasaba desapercibida era que el THC actuaba gradualmente. A diferencia del alcohol, cuya abstinencia producía síntomas drásticos y, en ocasiones, potencialmente mortales, la abstinencia del cannabis tendía a ser gradual, comenzando uno o dos días después de dejar de consumir y alcanzando su punto máximo hacia el final de la primera semana. Los consumidores solían describir una incomodidad persistente, una inquietud que los empujaba de nuevo al alivio habitual del humo o el vapor. Los profesionales médicos reconocían estos síntomas con claridad, pero rara vez coincidían con la imagen preconcebida de "adicción" que tenía el público.

Al entrar el THC en el torrente sanguíneo, interactuaba con el sistema endocannabinoide del cuerpo, una red de receptores responsables de regular el estado de ánimo, el apetito, el sueño, la motivación y el procesamiento de recompensas. Con el tiempo, el consumo frecuente sumía al sistema en un patrón de dependencia externa, reduciendo la producción natural de endocannabinoides del cerebro. Cuando el consumo diario dejaba de consumirlo repentinamente, el cerebro luchaba por recuperar el equilibrio. La abstinencia resultante era sutil pero real: cambios de humor, alteraciones del sueño, irritabilidad, disminución del apetito y dificultad para concentrarse. Para muchos, la ausencia de cannabis era como si el mundo perdiera su color, volviéndose más nítido, más estresante y más difícil de manejar.

Las personas solían describir el cannabis como algo que les hacía "sentirse normales", sin percatarse de que esta sensación era una señal de alerta: no un indicio de consumo inocuo, sino de dependencia. Cuando una sustancia se volvía necesaria para el funcionamiento normal, ya se había arraigado profundamente en los sistemas de recompensa y regulación. Los consumidores que afirmaban poder prescindir de ella a menudo se encontraban evitando el experimento, quizás inconscientemente conscientes de la incomodidad que les acarrearía.

Una de las señales más reveladoras de dependencia surgió cuando las personas intentaron reducir el consumo. Se encontraron fumando más de lo previsto, negociando consigo mismas los límites o justificando otro porro con declaraciones en voz pasiva como:*Se pensaba que una articulación más ayudaría a conciliar el sueño.*, o *Se había dicho que calmaría los nervios.*Estos diálogos internos revelaron una sutil pérdida de autonomía: lo que parecía una elección se había convertido gradualmente en compulsión.

La dependencia del cannabis solía desarrollarse durante meses o años, moldeando silenciosamente las rutinas diarias. Los consumidores comenzaron a estructurar sus horarios en torno al consumo de tabaco: esperaban a llegar a casa del trabajo, se tomaban descansos durante tareas estresantes o lo usaban como principal forma de relajarse. Pronto, experiencias que antes les brindaban alegría (ejercicio, socializar, pasatiempos) se volvían aburridas sin el THC. El cerebro aprendió gradualmente a asociar el placer, la relajación y el alivio únicamente con el cannabis, cortando las conexiones naturales con las actividades que antes les proporcionaban esas sensaciones de forma natural.

Este cambio en el procesamiento de recompensas rara vez fue reconocido por los consumidores. Se veían a sí mismos como adultos funcionales que simplemente disfrutaban de una planta inofensiva. Sin embargo, con el tiempo, el cannabis se convirtió en una parte central de su identidad, algo que defendieron con fervor, integrándolo en rituales sociales, rutinas personales y mecanismos de afrontamiento emocional. Esta forma de dependencia psicológica solía ser más fuerte que la fisiológica e igualmente difícil de superar.

Los relatos clínicos anónimos revelaron este patrón repetidamente. Los pacientes acudieron afirmando no tener ningún problema con el cannabis, a pesar de consumirlo a diario durante años. Al preguntarles si alguna vez habían intentado dejarlo, sus respuestas a menudo reflejaban una sutil abstinencia. Algunos describieron que les era imposible dormir, lo que les hacía recurrir al cannabis de nuevo a la tercera o cuarta noche. Otros admitieron que las discusiones con sus familiares se intensificaron al intentar reducir el consumo. Muchos confesaron que las mañanas se les hacían insoportables hasta que volvían a consumir por la noche. Estos eran los signos de dependencia: discretos, familiares y fáciles de ignorar hasta que alguien los señalaba.

Un hombre de 27 años fue descrito en una ocasión por desestimar los síntomas de abstinencia como "estrés normal". Sin embargo, cuando dejó de consumir durante una semana debido a un viaje, se encontró dando vueltas por la noche, criticando a sus compañeros de trabajo, sintiendo incapacidad para comer y permaneciendo despierto hasta el amanecer. Había asumido que el entorno desconocido le había causado malestar, pero los síntomas reflejaban la típica abstinencia del cannabis. Otra paciente, una mujer de 34 años, descubrió que su hábito de "solo un porro por la noche" había evolucionado lentamente hacia la necesidad de cannabis para conciliar el sueño. Cuando intentó dejarlo, su insomnio se volvió tan profundo que volvió a consumir después de solo tres noches. Insistió en que demostraba que el cannabis la ayudaba a dormir; los médicos le explicaron con amabilidad que realmente demostraba que había desarrollado dependencia.

La adicción psicológica se volvió aún más insidiosa porque el cannabis se había presentado durante mucho tiempo como no adictivo. Los consumidores rara vez reconocían el ansia por lo que era. Explicaban su deseo de cannabis como un deseo de "relajarse", "concentrarse" o "sentirse normal", sin darse cuenta de que estas justificaciones enmascaraban un consumo compulsivo. Las ansias no siempre se presentaban como impulsos físicos intensos; a menudo se manifestaban como pensamientos persistentes, malestar emocional o una sensación de que el día estaba incompleto sin fumar.

Comprender esta dinámica requería reconocer que la dependencia existía en un espectro. No todos los consumidores de cannabis desarrollaban adicción, pero el consumo frecuente aumentaba considerablemente el riesgo. Los adultos jóvenes eran particularmente vulnerables debido al desarrollo de vías neuronales que se adaptaban rápidamente a estímulos repetidos. Para ellos, la dependencia podía desarrollarse más rápidamente y ser más profunda, especialmente cuando el cannabis se usaba para manejar desafíos emocionales o estrés. Con el tiempo, moldeaba sus respuestas emocionales, haciendo que la ausencia de THC se percibiera como desequilibrio o angustia.

Uno de los peligros a largo plazo de la dependencia inadvertida era la exposición prolongada al humo de cannabis y al THC, que conllevaba diversos riesgos para la salud descritos en otros capítulos. Cuanto más dependientes se volvían los consumidores, más frecuente e intensamente fumaban. Esta mayor exposición a toxinas, alquitrán, calor y partículas de combustión sobrecargaba los sistemas respiratorio y cardiovascular. La dependencia rara vez existía de forma aislada; se entrelazaba con las consecuencias físicas de inhalar humo a diario. La idea errónea de que el cannabis era inofensivo hacía que los consumidores subestimaran el daño acumulativo que infligían a sus pulmones, corazón y vasos sanguíneos.

Debido a la aceptación social del cannabis y su creciente legalización en muchas regiones, las personas se convencieron de que la dependencia no era su problema. Lo veían como una alternativa a sustancias más fuertes, un relajante natural o una herramienta recreativa inofensiva. Esta normalización dificultó aún más que los usuarios reconocieran cuándo la dependencia se había convertido en necesidad. El cambio se sintió gradual: lo que antes era un hábito de fin de semana se transformó en una rutina nocturna, y luego en múltiples sesiones al día. Los usuarios a menudo llegaban a esta conclusión solo cuando las circunstancias lo obligaban: quedarse sin suministro, viajar o enfrentar restricciones legales o financieras. En esos momentos inesperados de abstinencia, la abstinencia se manifestaba de forma aguda e inequívoca.

En muchos hogares, la dependencia se convirtió en una fuente silenciosa de tensión. Las parejas notaban cambios de humor cuando no había cannabis disponible o observaban que se organizaban reuniones sociales en torno al consumo de tabaco. Los familiares a veces expresaban su preocupación, pero eran desestimados con declaraciones como:*Se decía que fumar marihuana era inofensivo.* o *Se insistía en que dejarlo era fácil.*Estas garantías rara vez coincidían con la realidad.

La dependencia también afectó la productividad de forma sutil. Los consumidores solían creer que el cannabis mejoraba la creatividad o la concentración, sin saber que el consumo a largo plazo solía perjudicar la motivación y la función ejecutiva. Las tareas se retrasaban, las responsabilidades se posponían y los periodos de apatía se prolongaban. El consumidor atribuía estos cambios a circunstancias externas, sin reconocer la sutil influencia del THC en las vías cognitivas.

Las personas con dependencia del cannabis solían defender su consumo con vehemencia. Argumentaban que reducía la ansiedad, pero en muchos casos, su ansiedad basal se había visto incrementada por el propio consumo crónico. Afirmaban que les ayudaba a dormir, sin percatarse de que sus ritmos naturales de sueño se habían visto alterados por la exposición prolongada al THC. Insistían en que les mantenía tranquilos, sin percatarse de que su irritabilidad sin cannabis era un síntoma de abstinencia, no un rasgo de personalidad. Estas interpretaciones erróneas permitían que la dependencia se enmascarara como un beneficio terapéutico, reforzando el ciclo.

A pesar de la naturaleza sutil de la adicción al cannabis, superar la dependencia fue posible. Reconocer que los síntomas de abstinencia, las ansias y el consumo compulsivo indicaban un cambio fisiológico y psicológico fue el primer paso. Una vez que las personas comprendieron que la dependencia se había instalado, pudieron empezar a explorar mecanismos de afrontamiento más saludables, estrategias de reducción gradual y sistemas de apoyo. Para muchos, el proceso implicó reaprender a dormir, gestionar el estrés y experimentar placer sin depender del THC.

Comprender la dependencia del cannabis requería abandonar viejos mitos. La adicción no tenía por qué implicar un colapso dramático o una destrucción; podía existir silenciosamente dentro de los hábitos cotidianos. Se configuraba en las rutinas, la dependencia emocional y la adaptación del cerebro a la exposición regular al THC. Modificaba los patrones de sueño, la estabilidad del estado de ánimo, la agudeza cognitiva y las respuestas al estrés. Se disfrazaba de preferencia, de relajación, de rutina inofensiva.

Al final, la dependencia no era un signo de debilidad, sino una respuesta biológica, moldeada por la química y la tendencia natural del cerebro a adaptarse. Pero reconocerla permitió a las personas recuperar el control, tomar decisiones informadas y abordar el consumo de cannabis con consciencia, en lugar de suposiciones. La verdad no era que el cannabis fuera excepcionalmente peligroso, sino que creer que no conllevaba ningún riesgo cegaba a los consumidores ante los cambios que ocurrían en sus mentes y cuerpos. El disfraz desapareció solo cuando las personas comprendieron que la dependencia podía ser silenciosa, sutil y estar profundamente arraigada en la vida cotidiana; pero aun así, real, poderosa y merecedora de atención.

Capítulo 14 – El ciclo del fumador diario: cómo el consumo regular aumenta los riesgos para la salud

El consumo diario de marihuana seguía un ritmo predecible, ritualista y casi invisible para quien lo consumía. El ciclo a menudo comenzaba con la idea habitual de que un día más fumando no cambiaría nada, que el consumo rutinario era simplemente un hábito inofensivo. Sin embargo, para muchos, esta repetición transformó gradualmente su fisiología, comportamiento y química interna de maneras que jamás imaginaron. Lo que parecía una rutina diaria reconfortante magnificó discretamente los riesgos para la salud descritos en capítulos anteriores, convirtiendo la exposición ocasional en estrés crónico para los pulmones, el corazón y los vasos sanguíneos.

El ciclo solía comenzar de forma inocua. Una persona podía fumar ocasionalmente con amigos los fines de semana o consumir cannabis para relajarse después del trabajo. Creían que el consumo ocasional los excluía de cualquier peligro real, y en aquellos tiempos, el cuerpo toleraba el humo y el THC sin consecuencias graves. Pero el cannabis moderno había evolucionado, alejándose de la planta suave y de baja potencia de décadas anteriores. La marihuana disponible hoy en día contenía concentraciones de THC mucho más altas que cualquier otra existente veinte o treinta años antes. Los extractos, concentrados, dabs y flores de alta potencia se habían convertido en la norma. Los consumidores a menudo consumían estos productos sin darse cuenta de la tensión que ejercían sobre sus sistemas cardiovascular y respiratorio. Y a medida que aumentaba la potencia, también lo hacía la probabilidad de consumo diario.

El ciclo del fumador diario solía desarrollarse en fases. Lo que comenzó como un consumo ocasional se convirtió rápidamente en un ritual nocturno, a menudo justificado con frases en voz pasiva como*Se pensaba que fumar ayudaba a relajarse.* o *Se decía que tranquilizaba la mente antes de dormir.*El usuario se adaptó a la rutina sin darse cuenta de cómo el THC iba marcando la estructura de la noche. Con el tiempo, ese ritual nocturno se expandió: un porro se convirtió en dos, o se compraba un vaporizador más potente para compensar la mayor tolerancia. Con el tiempo, el usuario se encontró fumando durante todo el día —mañana, mediodía, noche— y el ciclo se perpetuó.

El poder de la rutina amplificó los riesgos para la salud porque el cuerpo ya no tenía tiempo para recuperarse. La exposición diaria implicaba irritación diaria de los tejidos pulmonares, aumento diario de la frecuencia cardíaca, vasoconstricción diaria, estrés oxidativo diario y supresión diaria de la regulación cardiovascular natural. La cronicidad transformó lo que podría haber sido un daño aislado en daño acumulativo.

Una de las principales razones por las que el consumo diario causaba más daño era que el mercado moderno del cannabis había impulsado la potencia del THC a niveles sin precedentes. Los dispensarios solían vender flores con un 20-30% de THC, mientras que los concentrados oscilaban entre el 60% y más del 90%. Estos niveles alteraban drásticamente la cantidad de humo inhalado y el comportamiento del consumidor. Cuando el cannabis era más suave, se consumían cantidades moderadas. Cuando se volvía más fuerte, el cuerpo se adaptaba más rápidamente, desarrollando tolerancia más rápidamente y obligando al consumidor a consumir mayores cantidades para lograr el mismo efecto.

Los consumidores diarios a menudo inhalaban el humo más profundamente y lo retenían por más tiempo, creyendo que esto mejoraba la experiencia. En realidad, retener el humo en los pulmones simplemente permitía que más alquitrán, partículas y toxinas se depositaran en las delicadas superficies alveolares. La inhalación más profunda empujaba las sustancias químicas nocivas hacia las zonas más alejadas del tejido pulmonar, donde los mecanismos de depuración eran más débiles. Repetir esto varias veces al día aceleraba el deterioro respiratorio.

Cirujanos y neumólogos observaron repetidamente los efectos del consumo diario. Describieron pulmones cubiertos de una espesa capa de alquitrán negro, bronquios inflamados y estrechados, y revestimientos de las vías respiratorias irritados por la exposición constante a vapores calientes. Estos hallazgos no eran anomalías raras; reflejaban la realidad que enfrentan los fumadores frecuentes de cannabis. Los dispositivos modernos para fumar de alta temperatura, como las pipas de vidrio y los dispositivos para dab, introducían un calor aún más intenso en la garganta y los pulmones, dañando las células epiteliales y reduciendo la capacidad de los pulmones para protegerse. La exposición repetida dejaba las vías respiratorias hipersensibles, inflamadas y propensas a la bronquitis crónica.

El sistema cardiovascular se vio sometido a la misma presión. El THC provocó aumentos en la frecuencia cardíaca y la demanda de oxígeno, alteró el tono de los vasos sanguíneos e interfirió en la regulación autónoma. Para los consumidores ocasionales, estos cambios fueron temporales. Para los fumadores habituales, el corazón soportó picos repetidos de estrés, similar a alguien que corre varias veces al día sin descansar. Con el tiempo, las paredes de los vasos comenzaron a endurecerse y su revestimiento endotelial se vio afectado. El flujo sanguíneo fluido dio paso a la turbulencia. La inflamación aumentó silenciosamente, sentando gradualmente las bases para la formación de placa y la obstrucción vascular. Nada de esto causó síntomas inmediatos. El consumidor a menudo se sentía sano, incluso convencido de que se beneficiaba del alivio del estrés. Sin embargo, bajo la superficie, el daño se acumulaba poco a poco.

El consumo diario también aumentaba los riesgos debido a la forma en que el THC afectaba el metabolismo. El cuerpo almacenaba el THC en las células grasas, liberándolo gradualmente con el tiempo. Con el consumo diario, el THC nunca se eliminaba por completo. El consumidor vivía en un estado casi constante de intoxicación leve, incluso cuando se sentía sobrio. Esta presencia persistente alteraba el funcionamiento basal del sistema cardiovascular, afectando el ritmo cardíaco, la presión arterial y la integridad vascular. Con el paso de los meses y los años, estos cambios sutiles se agravaban y representaban un riesgo significativo.

El ciclo de fumador diario también influía en la forma de inhalar. Muchos fumadores diarios usaban la marihuana como principal método de relajación, lo que les incitaba a inhalaciones más largas y profundas para maximizar la sensación. Estos hábitos de inhalación generaban más humo por inhalación en comparación con los consumidores ocasionales o recreativos. Con cada inhalación más profunda, entraban en los pulmones más carcinógenos, alquitrán, metales pesados y partículas finas. Estas partículas se incrustaban en los alvéolos, donde los macrófagos tenían dificultades para eliminarlas eficazmente. Con el tiempo, estos depósitos endurecieron el tejido pulmonar, redujeron la elasticidad y dificultaron el intercambio de oxígeno.

El engaño de la rutina diaria del fumador era parte de lo que la hacía peligrosa. Los usuarios a menudo desestimaban la tos como algo normal, la flema como algo intrascendente y la disnea como algo pasajero. Atribuían estos síntomas al clima, las alergias o la fatiga en lugar de reconocer la exposición diaria al humo. Se decía con indiferencia que "todo el mundo tose un poco por la mañana", aunque esta tos era una clara señal de inflamación de las vías respiratorias. La tos crónica indicaba que los bronquios estaban inflamados por la irritación, expulsando la mucosidad a través de conductos estrechos y obligando a los pulmones a compensar la agresión constante.

Incluso la percepción de que la marihuana era "natural" u "orgánica" contribuía al ciclo. Muchos fumadores diarios creían que evitaban las toxinas presentes en el tabaco procesado. Lo que no sabían era que quemar cualquier materia vegetal producía sustancias químicas nocivas. El fumador diario se exponía repetidamente a estas toxinas, inhalando partículas quemadas que los pulmones no estaban diseñados para filtrar. El humo "natural" seguía siendo portador de carcinógenos, irritantes e hidrocarburos, todos los cuales se acumulaban con el consumo repetido.

Esta exposición diaria también amplificó la dependencia psicológica. Dado que el consumidor no experimentó síntomas de abstinencia drásticos, creía tener el control. Sin embargo, el cuerpo se había adaptado silenciosamente a esperar el consumo regular de THC. La repetición diaria reforzó las vías neuronales que asociaban fumar con alivio, comodidad y estabilidad. Estas vías reforzadas dificultaron la ruptura del hábito, lo que prolongó el consumo y, por lo tanto, una mayor exposición a las toxinas del humo a lo largo de la vida. Muchas personas subestimaron el poder de este refuerzo psicológico. Creían que fumar a diario era simplemente una preferencia, sin percatarse de que el cerebro había comenzado a depender del suministro constante de cannabinoides.

La cultura moderna del cannabis también fomentaba el consumo diario. Los productos de alta potencia se comercializaban como premium, y la normalización de la marihuana en espacios sociales hacía que el consumo frecuente pareciera inofensivo. Los consumidores solían rodearse de compañeros que fumaban habitualmente, creando un ambiente donde el consumo diario parecía normal. Esta normalización ocultaba los crecientes riesgos, permitiendo que el ciclo continuara sin oposición.

Algunos fumadores diarios dejaron de fumar flores para consumir productos más fuertes, como dabs o aceites concentrados. Estos métodos liberaban cantidades masivas de THC en una sola inhalación, lo que aumentaba drásticamente el estrés cardiovascular. La frecuencia cardíaca podía dispararse en segundos, la presión arterial fluctuaba bruscamente y los vasos sanguíneos se contraían bruscamente. Realizar estas inhalaciones regularmente provocaba ritmos cardíacos inestables y reducía la resiliencia vascular con el tiempo. Las consecuencias respiratorias se agravaron con el uso diario. Los pulmones, que antes podían eliminar el humo ocasional, se vieron abrumados por la gran cantidad de toxinas que se depositaban a diario. Los cilios (pequeños pelos encargados de eliminar los residuos de las vías respiratorias) se dañaron y perdieron eficacia. Sin ellos, los pulmones tenían dificultades para expulsar el alquitrán y las partículas. En respuesta, la producción de moco aumentó, lo que dio lugar a secreciones más espesas que obstruían las vías respiratorias y reducían el flujo de aire. Algunos fumadores diarios acabaron desarrollando bronquitis crónica, una afección caracterizada por tos persistente y acumulación de moco que duraba meses o incluso años. Esta afección dificultaba la respiración y aumentaba la susceptibilidad a las infecciones respiratorias.

Fumar a diario también tuvo consecuencias inesperadas para el sistema inmunitario. El humo suprimía las células inmunitarias de los pulmones, dificultando al cuerpo combatir los patógenos. Los fumadores diarios reportaban con frecuencia una mayor propensión a resfriados, infecciones sinusales y otras enfermedades respiratorias, pero rara vez relacionaban estos problemas con el consumo de cannabis. En cambio, atribuían los síntomas a factores externos o simplemente los aceptaban como parte de la vida.

Para muchas personas, el ciclo de fumador diario duraba años antes de que aparecieran síntomas significativos. Incluso cuando los síntomas aparecían, a menudo se les daba la impresión de que eran manejables o no estaban relacionados con el cannabis. La disnea se atribuía al envejecimiento. Las molestias en el pecho se atribuían al estrés. La falta de sueño se creía consecuencia de un estilo de vida ajetreado. Estas interpretaciones erróneas permitían que el daño continuara sin control.

Los profesionales médicos se encontraban con frecuencia con fumadores habituales que creían no tener riesgos para la salud. Su negación no se debía a la ignorancia, sino a la sutil naturaleza del daño crónico. Se sentían bien, así que asumían que lo estaban. Sin embargo, cuando estos individuos finalmente presentaban problemas cardiovasculares, enfermedades de las vías respiratorias o complicaciones quirúrgicas inesperadas, los signos del daño acumulado se hacían evidentes. Los cirujanos describieron arterias más gruesas y frágiles en los fumadores habituales, pulmones cubiertos de alquitrán pegajoso y vasos sanguíneos que reaccionaban de forma impredecible durante los procedimientos. Estas complicaciones no eran aisladas; reflejaban el impacto acumulativo de la inhalación diaria de material quemado.

Al final, lo que hacía particularmente peligroso el consumo diario de marihuana era la ilusión de inocuidad. Dado que los efectos se desarrollaban de forma gradual y silenciosa, los consumidores diarios no percibían los riesgos que se acumulaban en sus cuerpos. No sentían el desarrollo de la disfunción endotelial, la formación de placa, el estrechamiento del flujo de aire ni la muerte de los cilios. Creían que estaban controlando el estrés, potenciando la creatividad o favoreciendo el sueño. Sin embargo, con cada inhalación, el coste fisiológico aumentaba.

Comprender el ciclo del fumador diario reveló una verdad que a menudo se pasa por alto en las conversaciones culturales: la frecuencia importaba. La potencia importaba. El método de inhalación importaba. Cuando estos factores se combinaban, los riesgos aumentaban exponencialmente. Los fumadores diarios se exponían a un estrés cardiovascular sostenido, irritación respiratoria crónica y daño vascular a largo plazo que pocos reconocían hasta que se volvían inevitables.

El ciclo diario no era una simple rutina: era una exposición continua a humo potente, altos niveles de THC y factores estresantes fisiológicos que transformaban el cuerpo con el tiempo. Reconocer este patrón ofrecía a las personas la oportunidad de reevaluar sus hábitos y comprender que la silenciosa constancia del consumo diario tenía consecuencias mucho más graves de lo que creían.

Capítulo 15 – Conexiones con la salud mental: ansiedad, depresión y estrés cardíaco

La relación entre la mente y el corazón siempre había sido más íntima de lo que la mayoría de la gente creía, y en el contexto del consumo de marihuana, el Dr. London solía decir que era una conexión que muchos subestimaban hasta que era demasiado tarde. La había visto desarrollarse silenciosamente, a veces de forma invisible, mientras escuchaba las historias clínicas de los pacientes o revisaba gráficos que insinuaban un caos interno mucho antes de que el cuerpo mostrara signos de colapso. Se reflejaba en frases murmuradas por los familiares en las salas de espera, frases como *"Había estado ansioso últimamente"* o *"Ella dijo que su corazón se aceleraba después de fumar, pero pensó que era normal"*.Estos fueron pequeños fragmentos de verdad que pintaron un panorama más amplio de cómo el THC se entrelazaba con el sistema nervioso y, a través de él, colocaba una carga sorprendente sobre el sistema cardiovascular.

La marihuana solía presentarse como una sustancia relajante, algo a lo que la gente recurría para aliviar el estrés o relajarse tras un largo día, pero la realidad que observó fue más compleja. En muchas personas, especialmente en quienes la consumían a diario, el THC tendía a impulsar la mente en la dirección opuesta. En lugar de calma, inducía picos de miedo, momentos de pánico irracional, sensaciones repentinas de fatalidad y oleadas de paranoia. La primera vez que alguien experimentaba esto, solía descartarlo como un mal día o atribuirlo a una cepa más fuerte de lo esperado. Sin embargo, bajo estos episodios psicológicos, algo más se desplegaba silenciosamente: el corazón respondía con rapidez, con fuerza, casi con desesperación, como si el cuerpo creyera de repente que huía del peligro.

Esta respuesta fisiológica se había explicado innumerables veces en la literatura médica, pero se volvió mucho más alarmante al observarla en personas reales. Un aumento en la frecuencia cardíaca, que a veces se duplicaba en cuestión de minutos tras la inhalación, era solo el comienzo. La presión arterial subía bruscamente, los vasos sanguíneos de todo el cuerpo se contraían, las hormonas del estrés, como la adrenalina, se disparaban y, para quienes ya presentaban vulnerabilidades subyacentes leves, la combinación podía ser peligrosa. El Dr. London recordaba a una joven de veintitantos años que había sido derivada a él después de múltiples visitas a urgencias por "ataques de pánico". En cada episodio, había reportado dolor en el pecho, palpitaciones y entumecimiento en los brazos. Había asumido, como muchos, que algo emocional estaba desencadenando su angustia. Pero cuando se examinaron sus pruebas, quedó claro que su corazón respondía a picos repentinos de actividad nerviosa simpática, directamente relacionados con la marihuana que había estado fumando dos veces al día.

Su caso no era único. Muchos consumidores descubrieron que la marihuana intensificaba sus experiencias emocionales en lugar de suavizarlas. Para algunos, creaba un ciclo en el que la usaban para calmarse del estrés, pero experimentaban un estrés aún mayor debido a ella. Esta oscilación entre el alivio y el malestar suponía una doble carga: una para la salud mental y otra para el sistema cardiovascular. La Dra. London solía intentar explicar que los factores estresantes crónicos, incluso los inducidos artificialmente por sustancias, obligaban al corazón a comportarse como si el peligro siempre estuviera cerca y ningún órgano pudiera mantener tal hipervigilancia sin consecuencias.

La depresión también se hizo presente en esta conversación. Un número considerable de consumidores diarios de marihuana reportaron apatía emocional, falta de motivación, largos períodos de bajo estado de ánimo o incapacidad para sentir alegría sin fumar. Con el tiempo, esta dependencia emocional se convirtió en una sutil carga que presionaba su vida diaria. Desde un punto de vista fisiológico, la depresión alteraba el ritmo cardíaco, aumentaba la inflamación, interrumpía el sueño y contribuía a desequilibrios hormonales; todos factores que también elevaban el riesgo cardiovascular. La combinación de los efectos del THC con estas dificultades emocionales creó lo que el Dr. London describió como una "carga de estrés" invisible, algo pesado pero difícil de notar para los pacientes hasta que aparecían los síntomas físicos.

Había momentos en que los pacientes se sentaban en su consultorio y describían lo que creían episodios inofensivos: periodos en los que sentían como si el corazón les revoloteara en el pecho, latidos irregulares que los sobresaltaban por la noche o sobresaltos repentinos de miedo que los despertaban sin motivo. Él escuchaba atentamente, reconociéndolos como signos de una respuesta hiperactiva al estrés. Muchos desconocían que la marihuana podía desencadenar arritmias o exacerbar las existentes. Al inhalar THC, los circuitos cerebrales del miedo se activaban con más intensidad de la esperada, y a medida que la mente se sumía en la preocupación, el corazón se aceleraba para responder a la amenaza percibida. El pánico y las palpitaciones a menudo llegaban juntos, alimentándose mutuamente en un bucle que dejaba al consumidor conmocionado, confundido y más dependiente de la sustancia para encontrar alivio.

Aún más preocupantes eran los consumidores a largo plazo que mostraban signos de inestabilidad emocional, pero que la desestimaban como cambios de personalidad o estrés laboral. No se daban cuenta de que la exposición constante al THC alteraba el comportamiento de los neurotransmisores. Los receptores con los que interactuaba la droga estaban profundamente entrelazados con los sistemas que controlaban el estado de ánimo, la memoria y la regulación emocional. Con el tiempo, estos cambios podían contribuir a trastornos de ansiedad, episodios depresivos e irritabilidad crónica. El cuerpo reaccionaba a estos cambios emocionales con la misma intensidad que la mente. El corazón, al percibir la angustia emocional, respondía con picos de presión arterial, ritmos irregulares y una mayor demanda de oxígeno.

Había un hombre de unos treinta y tantos años cuya historia rondó al Dr. London durante años. Había consumido marihuana en exceso desde los veinte, creyendo que lo mantenía en equilibrio. Acudió al hospital tras sufrir un colapso en casa con un intenso dolor en el pecho. Aunque finalmente se recuperó del episodio cardíaco, lo que más impactó al Dr. London fue la fragilidad emocional que mostraba. Su ansiedad había aumentado con los años, y durante la evaluación médica, se hizo evidente que su corazón había estado bajo presión mucho antes del colapso. La ansiedad crónica había llevado su sistema cardiovascular a un estado de alerta extrema durante años, y cada vez que consumía marihuana para aliviarla, el THC había amplificado el estrés fisiológico en lugar de reducirlo.

Otra paciente, una joven universitaria, describió episodios en los que sintió una abrumadora sensación de terror minutos después de fumar. Su corazón se aceleraba descontroladamente, tenía la vista borrosa y, durante unos segundos, creyó que algo catastrófico ocurriría. Pensaba que estos episodios eran psicológicos, sin relación con su salud física, pero al ser monitoreada en un entorno clínico, su ritmo cardíaco mostró peligrosas subidas. El THC le había provocado una respuesta de pánico que llevó su sistema cardiovascular al límite.

La interacción entre la salud mental y la física no era meramente teórica. Se observaba a diario en las salas de urgencias, donde los pacientes llegaban temblando, con dificultad para respirar, con el corazón palpitante y los sentidos desorientados. Muchos creían que se estaban muriendo. Otros creían estar perdiendo el contacto con la realidad. El personal médico a menudo registraba frecuencias cardíacas elevadas, picos de presión arterial y ritmos irregulares, todo ello a los pocos minutos de consumir marihuana. Para quienes padecían afecciones cardíacas subyacentes, incluso leves, estos picos fisiológicos podían ser el catalizador de complicaciones graves.

El Dr. London solía explicar que la ansiedad creaba una tormenta hormonal en el cuerpo. El cortisol y la adrenalina se disparaban, contrayendo los vasos sanguíneos y obligando al corazón a trabajar más. Cuando la marihuana intensificaba la ansiedad en lugar de suprimirla, los consumidores, sin saberlo, sometían su sistema cardiovascular a un estrés repetido e innecesario. Con el tiempo, esto contribuía a la inflamación, la formación de placa y la vulnerabilidad a eventos agudos como un infarto o una arritmia.

El ciclo de retroalimentación entre la angustia emocional y la tensión física era poderoso. Alguien que experimentaba ansiedad después de fumar notaba que su corazón se aceleraba, y el miedo que provocaba esa sensación lo aceleraba aún más. Este ciclo podía continuar durante minutos u horas, y para alguien con predisposición a sufrir problemas cardíacos, creaba un ambiente peligroso dentro del cuerpo. El Dr. London había visto a personas sin antecedentes familiares de enfermedades cardíacas desarrollar repentinamente síntomas cardíacos significativos tras años de consumo de marihuana, que generaba inestabilidad emocional.

La depresión contribuía a este ciclo de retroalimentación de formas más discretas, pero igualmente dañinas. Las personas deprimidas solían dormir mal, carecían de motivación para hacer ejercicio y consumían más sustancias para afrontar la situación. Dormir mal por sí solo aumentaba el riesgo cardiovascular, alterando los patrones de presión arterial nocturna y forzando al corazón a trabajar más a lo largo del día. Muchos consumidores de marihuana dependían de la sustancia para dormir, sin saber que alteraba los ciclos normales del sueño y disminuía el sueño profundo, la etapa esencial para la recuperación cardíaca. Sentían un descanso superficial, mientras que sus cuerpos sufrían una privación crónica del sueño que aumentaba gradualmente el riesgo cardiovascular.

El efecto combinado de la tensión mental, la inestabilidad emocional y el estrés fisiológico inducidos por el THC creó una tormenta perfecta. No fue inmediato ni siempre se sintió drástico. La mayoría de los consumidores lo describieron como cambios sutiles: más irritabilidad, más fatiga, palpitaciones ocasionales, momentos de miedo que pasaron rápidamente. Rara vez reconocían que estos momentos se acumulaban, añadiendo cada uno otra capa de estrés a su sistema cardiovascular.

En la práctica clínica, las explicaciones del Dr. London solían sorprender a sus pacientes. Muchos comprendían, a veces con reticencia, que los efectos calmantes que buscaban en la marihuana se veían eclipsados por la considerable tensión que ejercía sobre la mente y el corazón. Lo que creían que era relajación a menudo resultaba en un entumecimiento emocional; lo que creían que era alivio del estrés era, en ocasiones, el inicio de otro ciclo de estrés fisiológico.

La mente y el corazón no eran entidades separadas que operaban de forma aislada. La ansiedad oprimía el pecho con la misma intensidad que contraía las arterias. La depresión debilitaba la motivación, al igual que el ritmo cardíaco. El THC penetraba en este delicado sistema y presionaba en ambos frentes —emocional y físico—, intensificando la carga sin que el usuario se diera cuenta.

Cuando el Dr. London concluyó las lecciones de este capítulo, el mensaje quedó claro: el impacto de la marihuana en la salud mental tenía profundas implicaciones para el bienestar cardiovascular. La ansiedad, el pánico, el desequilibrio emocional y los ciclos depresivos no eran solo preocupaciones psicológicas; eran vías de estrés cardíaco real y medible. Y en un mundo donde la tensión invisible era a menudo la más peligrosa, comprender esta conexión podría marcar la diferencia entre la prevención y la tragedia.

Capítulo 16 – "Es natural, por lo tanto es seguro": La suposición más peligrosa

La idea de que algo natural debe ser seguro había perdurado a lo largo de generaciones, arraigada en culturas, conversaciones y hábitos que la gente conservaba sin cuestionarlos. El Dr. London la había oído innumerables veces, pronunciada con serena certeza, como si la frase misma encierra una verdad innegable. Se decía en las habitaciones de hospital, se susurraba en las salas de espera y se entretejía en las excusas de los pacientes que luchaban por aceptar su propia vulnerabilidad. Aparecía en declaraciones como *"Pero es sólo una planta"* o *"Es orgánico, por lo que no puede ser dañino"*.Como si el simple origen de una sustancia borrara las complejas consecuencias biológicas que producía. Con los años, había aprendido que esta creencia —esta falacia naturalista— no solo era uno de los conceptos erróneos más persistentes, sino también uno de los más peligrosos.

La naturaleza, se recordaba a menudo, nunca había prometido seguridad. Nunca había afirmado que sus creaciones fueran inofensivas o suaves. La naturaleza albergaba tanto remedios como venenos, tanto hojas curativas como flores venenosas. Los humanos habían evolucionado para identificar algunos peligros, pero otros permanecían ocultos bajo aromas agradables o apariencias inofensivas. En su trabajo, veía recordatorios diarios de cómo una suposición de seguridad basada únicamente en la etiqueta de "natural" podía cegar a las personas ante los riesgos hasta que sus cuerpos ya no podían soportar las consecuencias.

Recordó una conversación en una sala de recuperación con un hombre de veintitantos años que se había sometido a una cirugía de bypass de emergencia mucho antes de lo esperado. El hombre había insistido en que su consumo excesivo de marihuana no podía haber contribuido a su condición porque, como él mismo lo expresó con indiferencia, «creía que era más segura que cualquier producto procesado». Lo había dicho con confusión más que con arrogancia, como si su lógica interna se hubiera visto sacudida, pero aún no hubiera sido reemplazada por la comprensión. El Dr. London lo había escuchado con paciencia, consciente de que lo que el hombre expresaba reflejaba una narrativa cultural más amplia que se había arraigado durante décadas.

La marihuana, proveniente de una planta, se había incluido en la misma categoría que las infusiones, las especias o los remedios naturales, aunque su método de consumo —quemarla e inhalarla— la situaba en una categoría completamente distinta a cualquier sustancia destinada a curar o aliviar el cuerpo. Fumar, independientemente de la planta que se quemara, generaba combustión, calor y subproductos tóxicos que ningún pulmón humano había sido diseñado para tolerar. Sin embargo, persistía la idea de que, al no provenir de un laboratorio ni contener aditivos químicos, debía estar exenta de las consecuencias biológicas que se observan en otras formas de fumar.

El Dr. London había visto cómo esta creencia influía en las decisiones de adolescentes, jóvenes y personas mayores que buscaban consuelo en algo que creían que la naturaleza había preparado de forma segura. Algunos lo habían oído de sus compañeros, otros de los medios de comunicación y muchos de las historias culturales transmitidas de generación en generación. La idea del "humo orgánico" tenía un atractivo peculiar, como si cualquier cosa etiquetada como natural se ganara automáticamente la confianza. Pero el cuerpo humano no negociaba la seguridad basándose en etiquetas; respondía a compuestos químicos, toxinas, partículas y calor, todos ellos presentes en el humo de la marihuana.

Recordó haber conocido a una mujer de unos cuarenta y tantos años, cuya dificultad para respirar había empeorado constantemente tras años de fumar a diario. Había consumido marihuana no solo como hábito recreativo, sino como parte de lo que consideraba un estilo de vida más holístico. Había optado por alimentos orgánicos, evitado los productos procesados y creía firmemente en los enfoques naturales para la salud. Cuando sus escáneres revelaron una inflamación significativa de las vías respiratorias y los primeros signos de bronquitis crónica, se quedó atónita. Pasivamente, dijo: «Pensé que se suponía que lo natural era seguro», como si la base misma de sus decisiones la hubiera traicionado. En ese momento, el Dr. London comprendió de nuevo la profunda influencia de las suposiciones, no solo en los comportamientos individuales, sino también en las justificaciones silenciosas que la gente se ofrecía mientras el daño se acumulaba silenciosamente.

La complejidad de la naturaleza a menudo permanecía invisible para el ojo inexperto. Una hoja podía parecer inofensiva, pero contener compuestos capaces de causar insuficiencia orgánica. Una flor podía parecer delicada, pero albergar toxinas capaces de paralizar el corazón. El mundo natural incluía algunos de los venenos más potentes conocidos por la ciencia: extractos que podían matar en miligramos, plantas que podían dañar el sistema nervioso, hongos que podían destruir el hígado. Sin embargo, ninguno de estos presentaba señales de advertencia para quienes no sabían interpretar sus características biológicas. Asumir la seguridad simplemente porque una sustancia provenía del suelo en lugar de un laboratorio era malinterpretar tanto la naturaleza como el cuerpo que interactuaba con ella.

Incluso en la medicina, muchos tratamientos que salvaban vidas provenían de fuentes naturales, pero requerían refinamiento, control y dosificación precisa para evitar daños. La morfina, derivada de la amapola, podía salvar vidas si se administraba correctamente, pero las devastaba si se usaba mal. La digital, extraída de la dedalera, podía regular el ritmo cardíaco, pero también alterarlo fatalmente si se tomaba en exceso. La línea entre remedio y veneno siempre había sido delgada, y sortearla requería conocimiento en lugar de suposiciones. La marihuana, a pesar de ser una planta, contenía compuestos que actuaban poderosamente sobre el cerebro y el sistema cardiovascular. El THC podía elevar la frecuencia cardíaca, contraer los vasos sanguíneos y aumentar la demanda de oxígeno del corazón. Al quemarse, la planta de marihuana liberaba alquitrán, irritantes, carcinógenos y partículas, todo lo cual desafiaba los pulmones de maneras que ninguna etiqueta de "natural" podía suavizar.

En la experiencia del Dr. London, la falacia naturalista no solo engañaba; proporcionaba una sensación de bienestar que adormecía la vigilancia. Quienes fumaban marihuana a diario rara vez se detenían a considerar cómo respondían sus pulmones, porque el acto les resultaba familiar, cotidiano y contaba con el respaldo de una cultura reconfortante. El movimiento repetitivo de encender un porro, inhalar profundamente y soltar el humo se convirtió en un ritual, algo integrado en el ritmo de sus vidas. Las advertencias del cuerpo —tos, sibilancias, opresión en el pecho— a menudo se desestimaban como temporales o insignificantes. Después de todo, razonaban en silencio, ¿cuán dañino podría ser si provenía de una planta?

Había observado este mismo razonamiento con otras sustancias. Había tratado casos de personas que experimentaron con suplementos "naturales" vendidos sin regulación, sin saber que algunos contenían niveles peligrosos de estimulantes. Había visto a pacientes intoxicados con remedios herbales que contenían contaminantes o compuestos incompatibles con sus medicamentos habituales. En todos los casos, la premisa subyacente era la misma: natural es igual a seguro. Sin embargo, las consecuencias contradecían esa creencia una y otra vez.

El posicionamiento cultural de la marihuana la había hecho particularmente vulnerable a esta idea errónea. Se asociaba con la calma, la creatividad, la relajación y la curación natural. Su larga historia de uso tradicional reforzó la percepción de su inocuidad. Sin embargo, el uso tradicional no incluía las cepas de alta potencia desarrolladas en los mercados modernos, ni las formas concentradas disponibles hoy en día. La planta de marihuana moderna se parecía poco a la que consumían las generaciones anteriores. Presentaba niveles más altos de THC, una densidad de humo más intensa y efectos cardiovasculares más pronunciados, factores que rara vez se tenían en cuenta al basarse en suposiciones heredadas de otra época.

Un paciente, un joven de unos treinta años, acudió al hospital con un fuerte dolor en el pecho tras fumar mucho durante una semana estresante. Al preguntarle sobre su consumo, respondió con indiferencia que «había elegido la marihuana porque le parecía una alternativa natural al tabaco o al alcohol». Nunca cuestionó que inhalar humo —cualquier humo— conllevara riesgos inherentes. Para él, el humo de una planta parecía menos peligroso que el de productos procesados. Pero sus arterias le habían contado otra historia. Sus escáneres revelaron inflamación, formación temprana de placa y signos de estrés que indicaban años de tensión cardiovascular. Observó las imágenes con incredulidad, intentando conciliarlas con la creencia de que había tomado un camino más seguro. La percepción de seguridad natural también dificultaba que las personas reconocieran los primeros síntomas de daño. Cuando experimentaban palpitaciones, las atribuían a la ansiedad o la fatiga. Cuando sentían falta de aire, culpaban al clima o a la falta de ejercicio. Cuando notaban opresión en el pecho, la descartaban como una distensión muscular. La mente protegía el sistema de creencias, filtrando las señales del cuerpo a través de la lente de lo que habían asumido como cierto. Para cuando buscaban atención médica, el daño a menudo estaba más avanzado de lo esperado. Fumar marihuana a diario durante años dejó marcas en los pulmones, el corazón y los vasos sanguíneos que se acumularon silenciosamente hasta volverse imposibles de ignorar.

La distinción entre origen natural e impacto biológico se volvió crucial. El cuerpo no evaluaba si una sustancia provenía de la tierra o de un laboratorio; evaluaba su composición química y los cambios fisiológicos que desencadenaba. El alquitrán, el monóxido de carbono, los carcinógenos y las partículas en suspensión interactuaban con los pulmones de la misma manera, independientemente de si provenían del tabaco o de la marihuana. El calor dañaba el revestimiento de las vías respiratorias, independientemente de si la planta era orgánica o de producción masiva. Los subproductos de la combustión perjudicaban el intercambio de oxígeno, independientemente de la reputación cultural de la planta. El corazón reaccionaba al estrés inducido por el THC como a cualquier estimulante: trabajando más, latiendo más rápido y demandando más oxígeno.

El Dr. London sabía que desafiar la falacia naturalista requería paciencia, claridad y compasión. Las personas no se aferraban a estas creencias por terquedad, sino por confianza: confianza en las narrativas que habían escuchado durante su infancia, confianza en los mensajes culturales, confianza en su propio razonamiento. Romper esa confianza significaba ofrecer una nueva forma de comprensión, basada no en el miedo, sino en la verdad biológica. Comprendía que las personas necesitaban ver la diferencia entre el origen natural y la seguridad fisiológica. Necesitaban comprender que el cuerpo no distingue entre el daño natural y el artificial.

En conversaciones con pacientes, solía describir la naturaleza como una fuerza dual. Brindaba alimento, sanación y belleza, pero también peligro, toxicidad e imprevisibilidad. Los seres humanos habían sobrevivido no asumiendo la seguridad, sino aprendiendo a identificar y respetar ese peligro. Cuando las personas trataban las sustancias naturales con una confianza incondicional, se ponían en desventaja, porque no reconocían la complejidad que conllevaba la naturaleza.

Al reflexionar sobre el propósito de este capítulo, el Dr. London lo interpretó no solo como una refutación a una idea errónea, sino como un recordatorio. Un recordatorio de que la seguridad no se determina por el origen, sino por el impacto; no por la comodidad cultural, sino por la realidad biológica. Esperaba que los lectores vieran más allá de la etiqueta de "natural" y comprendieran que las reacciones del cuerpo se basaban en la ciencia, no en el sentimiento.

Al final, la suposición más peligrosa no fue que la marihuana fuera natural, sino que la naturaleza misma era inherentemente segura. Reconocer la distinción podría marcar la diferencia entre la consciencia temprana y el arrepentimiento tardío, entre la prevención y la crisis, entre una creencia preservada y una vida preservada.

Capítulo 17 – Desinformación en redes sociales: TikTok, Instagram y el auge de los consejos erróneos

El panorama informativo moderno se había convertido en un espacio donde la verdad competía con el entretenimiento, y este a menudo ganaba. El Dr. London había presenciado esta transformación no en revistas de investigación ni congresos médicos, sino en las pantallas de sus pacientes: diminutos rectángulos brillantes llenos de vídeos que duraban quince segundos, pero cuyas consecuencias perduraban mucho más. Plataformas como TikTok e Instagram, antes diseñadas para la creatividad y la conexión, se habían convertido poco a poco en escenarios donde los consejos de salud se convertían en contenido, el contenido en moneda corriente y los influencers en las nuevas autoridades, independientemente de su cualificación.

No era raro que los pacientes entraran a su consultorio haciendo referencia a algo que habían visto en línea. Las declaraciones llegaban de forma pasiva, como si repitieran hechos obtenidos de fuentes confiables: *"Se decía en internet que el cannabis reduce la presión arterial"*. o *"Un creador había explicado que el humo natural limpia los pulmones"*. o *"Un influencer afirmó que la marihuana protege el corazón al reducir el estrés"*.Estas declaraciones transmitían la seguridad de una convicción, aunque se basaban en malentendidos, verdades parciales o invenciones descaradas. El Dr. London había aprendido a reconocer el tono: la sutil certeza que emanaba de la información recibida repetidamente a través de imágenes atractivas, música pegadiza o personalidades carismáticas.

Comprendió que la desinformación no se propagaba porque la gente fuera poco inteligente, sino porque los sistemas en línea priorizaban la simplicidad, la audacia y la emoción por encima de los matices, la precisión y la cautela. Los algoritmos no valoraban lo correcto; valoraban lo que se veía, se compartía y se interactuaba con él. Y los consejos que parecían naturales, rebeldes o que apoyaban hábitos populares a menudo cobraban mucha más fuerza que los que incitaban a la moderación o a la conciencia de riesgos. No era sorprendente, entonces, que los videos que glorificaban el consumo de marihuana circularan ampliamente, mientras que las conversaciones equilibradas sobre salud permanecían sepultadas.

Recordó a una joven paciente que, basándose en un vídeo compartido miles de veces, había insistido en que la marihuana podía "desintoxicar los pulmones". La chica había dicho con indiferencia que "el creador lo había explicado claramente", usando una jerga que imitaba el lenguaje científico, pero distorsionaba por completo su significado. El creador había mencionado "propiedades depurativas de la planta", "equilibrio natural del humo" y "purificación pulmonar ancestral", frases diseñadas para sonar autoritarias, pero carentes de precisión biológica. La joven paciente lo había creído sin reservas, porque el vídeo había recibido millones de "me gusta" y había recibido comentarios de acuerdo.

El Dr. London le había explicado con delicadeza que el humo, independientemente de su origen vegetal, dañaba los pulmones en lugar de curarlos. Ella lo había escuchado, pero él percibió la resistencia generada por la enorme discrepancia entre la explicación médica tranquila y extensa y el contenido en línea, rápido y emotivamente atractivo, que había consumido. En su mundo, la experiencia no se medía por las credenciales, sino por la viralidad. Y cuanto más escandalosa era la afirmación, más rápido se propagaba.

Los influencers, muchos de los cuales no tenían formación médica, se habían convertido en voces influyentes que moldeaban la percepción pública. Presentaban la información de forma atractiva: gráficos coloridos, sketches humorísticos, ediciones rápidas y música que hacía que cualquier mensaje pareciera confiable simplemente porque resultaba familiar. Muchos influencers no engañaban intencionalmente; simplemente repetían lo que habían oído, sin darse cuenta de que estaban contribuyendo a una cadena de interpretaciones erróneas. Otros, en cambio, crearon contenido deliberadamente diseñado para provocar reacciones fuertes, porque la controversia y el entusiasmo aumentaban la visibilidad.

Algunos comercializadores de cannabis utilizaron estas plataformas estratégicamente, combinando imágenes de estilo de vida con afirmaciones sobre la salud que sutilmente presentaban la marihuana como inocua o beneficiosa. Mostraban a los usuarios relajándose, haciendo senderismo, meditando o cocinando, con subtítulos que sutilmente insinuaban que la marihuana mejoraba el bienestar, impulsaba la creatividad y mejoraba la salud cardiovascular. Algunos incluso readaptaron estudios científicos legítimos, distorsionando las conclusiones para que encajaran en narrativas que impulsaran las ventas del producto. Una línea de un estudio que señalaba los efectos a corto plazo del cannabis en la relajación podía convertirse en una afirmación generalizada de que la marihuana prevenía las enfermedades cardíacas relacionadas con el estrés, aunque los hallazgos generales sugirieran lo contrario.

Esta manipulación prosperó porque la mayoría de los espectadores carecían del tiempo (o el interés) para verificar cada afirmación. Los humanos, naturalmente, se inclinaban por la información que apoyaba sus deseos o creencias, y la creciente normalización de la marihuana creó un terreno fértil para la desinformación. Las propias plataformas aceleraron este proceso. El algoritmo de TikTok evaluaba el comportamiento del usuario en segundos: si alguien veía un solo vídeo relacionado con la marihuana hasta el final, el sistema lo interpretaba como interés y comenzaba a recomendar vídeos similares. En cuestión de minutos, un espectador podía sumergirse en un mundo controlado donde cada creador reforzaba el mismo mensaje: que la marihuana era inofensiva, saludable o superior a otras sustancias.

El Dr. London vio los resultados en tiempo real. Los pacientes asentían mientras él explicaba los riesgos para la salud, pero él percibía el tira y afloja mental en su interior. En sus mentes, las imágenes de TikTok e Instagram a menudo superaban la evidencia clínica. Habían sido expuestos repetidamente a publicaciones que sugerían que la marihuana era "la alternativa más segura", "una medicina natural" o "una planta curativa tergiversada por la ciencia tradicional". Estos mensajes resonaban emocionalmente porque ofrecían consuelo y validación. La verdad, compleja y a veces incómoda, no competía bien con la simplicidad disfrazada de empoderamiento.

Pensó en otro caso: un hombre de unos treinta y tantos años que había experimentado palpitaciones aterradoras tras fumar mucho durante un período estresante. Cuando le preguntaron sobre su consumo, el hombre respondió con indiferencia: «En internet se explicaba que el cannabis ayudaba a regular el ritmo cardíaco». La desinformación que seguía provenía de un creador que publicaba con frecuencia consejos de bienestar, pero usaba terminología médica de forma incorrecta. El creador había descrito la marihuana como un «relajante cardíaco natural», afirmando que el THC calmaba el corazón y mejoraba la circulación. Estas declaraciones, expresadas con seguridad y acompañadas de atractivas imágenes, habían bastado para convencer a miles de espectadores. Pero el hombre sentado frente al Dr. London había aprendido la verdad a las malas: tras un viaje en ambulancia y horas en urgencias.

El Dr. London había intentado comprender la psicología detrás de este cambio. Se dio cuenta de que muchas personas ya no confiaban en las fuentes tradicionales de información. Los expertos hablaban con tono mesurado, usando un lenguaje cauteloso y reconociendo la incertidumbre. Los influencers hablaban con absoluta convicción, ofreciendo respuestas sencillas a preguntas complejas. Su confianza resonaba con más fuerza que la precisión cautelosa, y el ritmo acelerado de las redes sociales hacía que el análisis profundo pareciera lento y anticuado. Los espectadores rara vez veían las verdaderas consecuencias —los infartos, los daños pulmonares o los episodios de ansiedad— porque esas realidades ocurrían a puerta cerrada, no en transmisiones de video impecables.

También había notado que los clips populares a menudo usaban frases como*"Los médicos no te dirán esto"* o *"Las grandes empresas no quieren que lo sepas"*Alimentando una narrativa que hacía que la desinformación se percibiera como rebelde y empoderadora. Este enfoque sugería que aceptar la marihuana no era solo una opción, sino una postura contra la autoridad, transformando el acto en algo culturalmente atractivo. Creó una atmósfera donde la orientación científica parecía restrictiva, mientras que el contenido de influencers se sentía liberador.

El problema, según el Dr. London, no era simplemente la existencia de la desinformación; la desinformación siempre había formado parte de la sociedad. El verdadero problema residía en la velocidad y la escala con la que se propagaba. TikTok e Instagram difundían contenido a una velocidad superior a la que se podían emitir correcciones. Un solo vídeo engañoso podía llegar a millones de personas en cuestión de horas, mientras que la información médica precisa tenía dificultades para ganar terreno sin un enfoque dramático. Este desequilibrio creaba un entorno donde la verdad quedaba rezagada respecto a la falsedad, y los consejos perjudiciales se normalizaban mucho antes de que los expertos pudieran intervenir.

Pensó en una joven que había llegado con episodios de ansiedad severa provocados por el consumo de marihuana. Había empezado a consumirla porque, como explicó con indiferencia, «había vídeos en internet que decían que ayudaba a las personas con ansiedad». Desconocía que el THC podía empeorar la ansiedad en muchas personas, sobre todo en dosis altas. Los creadores que seguía solo habían mostrado sus efectos calmantes, ignorando la variabilidad biológica que hacía impredecible a la marihuana. Su experiencia había sido aterradora —palpitaciones, opresión en el pecho, un miedo abrumador— y le costaba entender por qué su reacción difería de las imágenes optimistas que había visto en internet.

El auge del contenido breve también hizo que los matices fueran casi imposibles. Las explicaciones complejas sobre salud no encajaban con claridad en clips de quince segundos. Como resultado, los creadores recortaban el contexto hasta que solo quedaban fragmentos, dejando a los espectadores con ideas incompletas que parecían engañosamente completas. Términos como "antiinflamatorio", "relajante natural" y "compuestos vegetales beneficiosos para el corazón" se usaban sin hacer referencia a la dosis, el método de consumo ni las consecuencias fisiológicas. Estos fragmentos se convirtieron en creencias, y estas creencias guiaron el comportamiento.

En las conversaciones del Dr. London con sus colegas, el tema de las redes sociales surgió con frecuencia. Muchos de ellos habían notado una mayor dificultad para convencer a los pacientes de los riesgos reales. La confianza que antes se depositaba en los profesionales médicos ahora estaba dividida entre innumerables fuentes en línea, muchas de las cuales no eran responsables de las consecuencias de sus consejos. La democratización de la información había brindado empoderamiento, pero también había difuminado la línea entre la experiencia y la opinión. En materia de salud, esa difuminación tuvo consecuencias reales, a veces irreversibles.

Había empezado a ver la desinformación como una especie de contaminante silencioso: algo invisible pero omnipresente, que penetraba silenciosamente en las mentes y alteraba las decisiones sin que las personas se dieran cuenta de su influencia. Afectaba no solo a las personas, sino también a las comunidades, moldeando las actitudes colectivas hacia el riesgo y la seguridad. Cuando la desinformación se viralizó, no solo engañó a una persona, sino a miles, y a veces a millones. Esa magnitud transformó los malentendidos personales en problemas de salud pública.

Lo preocupante era que la desinformación sobre la marihuana a menudo se presentaba con un toque de positividad. Los videos mostraban a personas riendo con amigos, preparando comidas con infusiones o usándola como parte de sus rutinas de bienestar. Estas representaciones creaban una ilusión de inocuidad, protegiendo a los espectadores de las realidades fisiológicas que se escondían tras ellas. El algoritmo priorizaba el contenido atractivo, humorístico y visualmente atractivo, mientras que minimizaba cualquier cosa que requiriera reflexión o desafiara las creencias existentes.

El Dr. London reconoció que la solución no provendría de sermones ni de mensajes infundados de miedo. Requería comprensión, paciencia y la disposición a contextualizar los riesgos de forma que conectara con el público. La gente necesitaba ver no solo los peligros, sino también los mecanismos: la conexión entre la inhalación de humo y el daño pulmonar, entre los picos de THC y el estrés cardíaco, entre el consumo frecuente y la dependencia a largo plazo. Necesitaban escuchar historias reales, basadas en consecuencias reales, para contrarrestar las narrativas desinhibidas que se encuentran en línea.

A menudo imaginaba cómo sería si los conocimientos médicos precisos tuvieran la misma visibilidad que los vídeos virales. Si una explicación detallada del estrés cardiovascular pudiera llegar a millones de personas en segundos, o si los cirujanos pulmonares compartieran imágenes de tejido dañado con la misma frecuencia con la que los influencers compartían sesiones de humo glamorosas. Pero sabía que ese contenido carecía del atractivo entretenido necesario para prosperar en el panorama actual. Los hechos no competían bien con el espectáculo.

Sin embargo, mantenía la esperanza. La concienciación había crecido lentamente, y una nueva generación de voces con formación médica había empezado a usar las redes sociales para ofrecer orientación precisa. Estos creadores se enfrentaron a batallas cuesta arriba, a menudo eclipsadas por voces más fuertes, pero perseveraron. El Dr. London admiraba su compromiso, consciente de lo difícil que era abrirse paso entre el ruido.

Al reflexionar sobre el auge de la desinformación, vio claramente que el desafío iba más allá de la marihuana. Representaba un cambio más amplio en la forma en que la sociedad consumía conocimiento, formaba creencias y tomaba decisiones de salud. En esta nueva era, la capacidad de pensar críticamente se había convertido en una habilidad vital, quizás tan esencial como cualquier intervención médica. Sin ella, las personas seguían siendo vulnerables a las encantadoras falsedades que decían desconocidos seguros de sí mismos en las pantallas.

Al escribir este capítulo, esperaba ofrecer a los lectores una perspectiva para observar el mundo digital con mayor claridad: reconocer la diferencia entre evidencia y entretenimiento, entre pericia y carisma, entre verdad e ilusión de verdad. Porque, al final, la desinformación no solo distorsionaba la comprensión; moldeaba comportamientos reales, influía en personas reales y contribuía a causar daños reales. Y esas consecuencias, a diferencia de las tendencias en redes sociales, no desaparecían al apagarse la pantalla.

Capítulo 18 – Legalización y el efecto halo de seguridad

La legalización de la marihuana en diversas regiones había hecho más que cambiar las fronteras legales; había alterado sutilmente la percepción pública, creando lo que el Dr. London llamó el "efecto halo de seguridad". Los pacientes acudían a su clínica con la tranquila confianza de que, al ser legal el cannabis, debía conllevar un riesgo mínimo. Esta creencia rara vez se expresaba agresivamente; más bien, se inculcaba en las conversaciones de forma pasiva, como si la legalidad por sí sola ofreciera protección. *"Ya se había legalizado, así que pensó que debía ser seguro"*.Un paciente admitió, asintiendo mientras intentaba conciliar su reciente episodio cardíaco con años de consumo habitual. La suposición era generalizada, rara vez cuestionada y a menudo reforzada por el marketing de dispensarios, las narrativas sociales y los mensajes gubernamentales.

La legalización tenía una simplicidad seductora. Si una sustancia estaba legalmente permitida, la sociedad parecía otorgarle una aprobación tácita. La gente razonaba que existían leyes para protegerlos, y que los canales legales implicaban regulación, control de calidad y estándares de seguridad. Imaginaban los dispensarios como boticarios modernos, con expertos capaces de responder preguntas sobre potencia, preparación y riesgos. Muchos creían que la transición de lo ilegal a lo legal eliminaba cualquier peligro previo, como si el propio proceso de regulación purificara la sustancia. Pero el Dr. London había comprobado repetidamente que la legalidad no tenía la capacidad de cambiar la biología. Legal o ilegal, la materia vegetal fumada interactuaba con el cuerpo de las mismas maneras fisiológicas, conllevando los mismos riesgos cardiovasculares y pulmonares.

Recordó a un paciente de veintitantos años, ingresado tras sufrir una arritmia cardíaca repentina. El paciente había consumido marihuana ocasionalmente durante años, pero con la apertura de dispensarios cercanos, su consumo aumentó significativamente. Había dicho pasivamente que*Creía que el gobierno no le permitiría comprar nada peligroso.*Su mirada no revelaba desafío, sino una confianza infundada. Había asumido que la supervisión y las licencias garantizaban la seguridad, pasando por alto la verdad fundamental de que la legalidad no implicaba inocuidad.

Las prácticas de marketing en los mercados legalizados habían amplificado este efecto halo. Los dispensarios presentaban la marihuana como un producto de estilo de vida, a menudo enmarcando su uso con narrativas de bienestar. Las etiquetas presumían de las características de la cepa, notas de sabor e incluso afirmaban beneficios como "alivio del estrés" o "mejora de la relajación". Los comestibles y las tinturas se envasaban como productos gourmet, adornados con diseños elegantes, colores brillantes y logotipos tranquilizadores. A los consumidores se les decía sutilmente, en un lenguaje de calidad y sofisticación, que estos productos habían sido seleccionados, probados y, por lo tanto, seguros. Sin embargo, el empaque no podía alterar la farmacología ni las consecuencias físicas de inhalar humo o ingerir altas concentraciones de THC.

Los mensajes gubernamentales también contribuyeron involuntariamente a ideas erróneas. Las campañas de salud pública a menudo se centraban en minimizar los daños, promover la moderación y advertir sobre los peligros de los productos ilegales. Si bien estos mensajes tenían fundamento científico, su planteamiento a menudo implicaba que el producto legal y regulado era inherentemente seguro. La gente absorbió la idea de que podía confiar en el acceso legal, asumiendo que significaba que su consumo estaba prácticamente exento de riesgos. En este contexto, muchos no consideraron plenamente los riesgos a largo plazo para la salud cardiovascular, pulmonar y mental.

El Dr. London se había encontrado con padres que compraban cannabis para sus hijos adultos jóvenes en establecimientos autorizados, creyendo que la legalidad garantizaba la calidad del producto y minimizaba los riesgos para la salud. Asumían que los canales oficiales implicaban estrictos controles de seguridad, sin saber que la regulación se centraba principalmente en la pureza, los niveles de pesticidas y el etiquetado de THC, no en las consecuencias fisiológicas más amplias del consumo regular. Los niños, envalentonados por el acceso y la confianza implícita de sus padres, a menudo aumentaban la frecuencia y la potencia del consumo, agravando sin saberlo la tensión cardiovascular.

Recordó un caso particularmente impactante de un paciente de unos treinta y tantos años, un consumidor habitual que había comenzado a consumir concentrados con alto contenido de THC en un dispensario autorizado. El paciente llegó a urgencias con palpitaciones severas y opresión en el pecho. Había dicho pasivamente que*Él asumió que los productos legales eran más seguros que la marihuana callejera.*Una declaración que refleja la omnipresencia del halo de seguridad. Las exploraciones revelaron inflamación arterial y acumulación temprana de placa, consecuencias de la exposición crónica intensificadas por las formas concentradas. La suposición de seguridad del paciente había retrasado el reconocimiento del riesgo, permitiendo que el daño progresara discretamente con el tiempo.

El efecto halo se extendió más allá de la percepción individual para influir en el comportamiento grupal. Los círculos sociales solían reforzar la legalidad como indicador de seguridad, reduciendo la precaución y aumentando el consumo colectivo. Los amigos compartían recomendaciones de dispensarios, promocionaban cepas como "buenas para el corazón" o "seguras para el cuerpo" y destacaban las pruebas de laboratorio como prueba de su inocuidad. En estos círculos, las discusiones sobre los riesgos se silenciaron, ya que el marco legal justificaba implícitamente el hábito. Las advertencias de profesionales médicos, científicos o investigadores eran frecuentemente desestimadas, tachadas de obsoletas o alarmistas.
Incluso los encuentros con la atención médica reflejaban este desafío. Los pacientes reportaban con confianza su consumo de marihuana, a veces enfatizando que provenía de fuentes autorizadas, esperando implícitamente tranquilidad. Muchos se sorprendieron cuando el Dr. London explicó que la legalidad no mitigaba los riesgos cardiovasculares ni pulmonares, que el THC seguía elevando la frecuencia cardíaca, contrayendo los vasos sanguíneos y aumentando la demanda de oxígeno, y que el humo inhalado, legal o no, seguía introduciendo alquitrán, irritantes y carcinógenos en los pulmones. A menudo, observaba un sutil cambio en su lenguaje corporal, una breve lucha entre las suposiciones previas y la realidad emergente, seguida de un reconocimiento tentativo del riesgo.

El efecto halo también enmascaró la conciencia de la dosis. El acceso legal, combinado con diseños de productos atractivos y cepas de alta potencia, incentivó un mayor consumo. Los concentrados, aceites y productos comestibles contenían niveles de THC muy superiores a los que los consumidores recreativos habían consumido en el pasado. Muchos consumidores, confiando en la legalidad y en las etiquetas probadas en laboratorio, no consideraron que una mayor potencia aumentaba la tensión cardíaca, el riesgo de arritmias y el estrés vascular. Interpretaron la legalidad como una prueba de seguridad en lugar de una autorización para monitorear el consumo de forma crítica.

El Dr. London señaló que esta idea errónea a menudo se relacionaba con el riesgo relacionado con la edad. Los adultos jóvenes, que ya se sentían invencibles, absorbieron rápidamente el efecto halo. Asumieron que, dado que la marihuana era legal y se comercializaba con mensajes de bienestar, la sustancia no podía hacerles daño. El resultado fue una cohorte de consumidores cada vez más expuestos a factores de estrés cardiovascular y daño pulmonar a edades más tempranas. Para cuando aparecieron las consecuencias fisiológicas, ya habían establecido patrones que requerían intervención o manejo a largo plazo.

Un paciente, de veintipocos años, llegó con molestias en el pecho y leve disnea. Dijo en tono pasivo que...*Confiaba más en la marihuana vendida legalmente que en cualquier otra sustancia*, citando cepas analizadas en laboratorio y el consejo del personal del dispensario. No había comprendido que, si bien los contaminantes podían controlarse, el humo en sí y la tensión inducida por el THC en su sistema cardiovascular representaban riesgos significativos. Sus arterias estaban inflamadas y se observaban los primeros signos de disfunción endotelial, todo ello como resultado de años de exposición repetida. La legalidad le había ofrecido una falsa protección, enmascarando la lenta y silenciosa acumulación de daños.

La educación en dispensarios, si bien a veces es útil, podría reforzar inadvertidamente ciertas suposiciones. Los empleados a menudo se centraban en las características del producto, el cumplimiento legal y la experiencia del usuario, sin abordar necesariamente las implicaciones para la salud a largo plazo. Los clientes, tranquilizados por las recomendaciones profesionales dentro de un marco legal, rara vez buscaban verificación independiente o asesoramiento científico. Esta dinámica amplificó el efecto halo, creando un entorno donde la legalidad, el marketing y el asesoramiento anecdótico eclipsaron la evidencia médica.

El Dr. London también observó que la legalización había influido en la narrativa pública sobre la reducción de daños. Las campañas de promoción frecuentemente enfatizaban la seguridad en relación con los productos ilegales, sugiriendo que la marihuana legal minimizaba la contaminación, las sustancias adulteradas y la potencia no regulada. Si bien esto era cierto en esos contextos limitados, el mensaje a menudo conllevaba una aprobación implícita de la seguridad general. Los consumidores internalizaron estos mensajes, equiparando la regulación con una protección integral de la salud, lo que ocultó la realidad de que la inhalación de humo, los picos de THC y el consumo crónico seguían siendo físicamente dañinos.

La legalización tuvo implicaciones adicionales para la normalización. Sustancias que antes eran ilícitas y estigmatizadas se habían convertido en comportamientos socialmente aceptables. En lugares de trabajo, eventos sociales y reuniones recreativas, la marihuana ahora se consumía sin prejuicios. Esta aceptación cultural, combinada con la percepción de seguridad, redujo la fricción cognitiva que, de otro modo, podría haber impulsado una evaluación crítica de los riesgos para la salud. Cuando todos los que rodeaban al consumidor trataban la sustancia como inofensiva, el diálogo interno que antes cuestionaba el riesgo disminuía, dando paso a la complacencia.

El Dr. London había observado el mismo patrón en adultos mayores que previamente habían evitado la marihuana. La percepción de que el acceso legal indicaba legitimidad fomentaba la experimentación, a menudo ignorando afecciones preexistentes. Los pacientes con hipertensión, arritmias o enfermedades cardiovasculares en etapa temprana asumían que la legalidad mitigaba su riesgo, a veces agravando las afecciones con un consumo excesivo. Se dio cuenta de que el efecto halo de seguridad se extendía a todas las edades y grupos demográficos, moldeando comportamientos desde los adultos jóvenes hasta las poblaciones mayores que, de otro modo, podrían haber sido más cautelosas.

También había visto los efectos en las familias. En ocasiones, los padres permitían que sus hijos adultos consumieran marihuana en casa, alegando la legalidad y la regulación como prueba de seguridad. Las conversaciones sobre el riesgo solían ser silenciadas, eclipsadas por la confianza en los marcos legales y la autoridad de los dispensarios. Los niños internalizaban estas actitudes, asociando la legalidad con la inocuidad, y en ocasiones aumentaban la frecuencia o la potencia del consumo sin reconocer el daño acumulativo.

Incluso la literatura médica tuvo dificultades para contrarrestar eficazmente el efecto halo. Los estudios sobre el impacto de la marihuana legal solían ser complejos, matizados y llenos de un lenguaje condicional que no se traducía fácilmente a mensajes virales en redes sociales. Los usuarios veían titulares que enfatizaban la legalidad o los beneficios recreativos sin comprender plenamente los datos de riesgo subyacentes. El atajo cognitivo de la legalidad eclipsó un análisis minucioso, permitiendo que consecuencias sutiles pero graves para la salud se manifestaran discretamente.

El Dr. London concluyó que comprender el efecto halo de seguridad era crucial para la salud pública. La legalidad no confería inmunidad contra el estrés cardiovascular, el daño pulmonar ni las arritmias inducidas por el THC. El efecto halo creaba una falsa confianza, lo que llevaba a los usuarios a subestimar el riesgo, aumentar la frecuencia y la potencia, e ignorar las señales de alerta tempranas. Era una fuerza invisible que moldeaba el comportamiento con la misma fuerza que el gusto, el hábito o la presión social, y para contrarrestarla se requería educación deliberada, diálogo con los pacientes y concienciación social.

En las consultas clínicas, enfatizó que la legalidad era una condición legal, no una garantía médica. Los productos probados en laboratorio podían reducir los contaminantes, pero no podían prevenir el daño pulmonar inducido por el humo ni el estrés cardíaco inducido por el THC. Se animó a los pacientes a evaluar críticamente la frecuencia, la potencia y el estado de salud personal, entendiendo que el uso responsable significaba más que cumplir con la ley: implicaba reconocer y respetar los límites del cuerpo.

Se dio cuenta de que el efecto halo de seguridad no era del todo negativo. La legalización había reducido las sanciones penales, mejorado la regulación del producto y permitido la investigación sobre la farmacología del cannabis. Pero la consecuencia imprevista —la percepción errónea de la seguridad por parte del público— era profunda. Combatirla requería integrar la educación con la ciencia accesible, narrativas convincentes y el apoyo de las voces médicas y comunitarias. La concienciación sobre el efecto halo podría empoderar a los usuarios para tomar decisiones informadas, equilibrando la legalidad con una comprensión clara de las realidades fisiológicas.

El Dr. London reflexionó sobre la sutileza, la persistencia y la persistencia del efecto halo, que requería la vigilancia no solo de los profesionales médicos, sino también de la sociedad en general. Reconocer que la legalidad no implicaba inocuidad era el primer paso hacia un consumo responsable, una comunicación eficaz de salud pública y un diálogo constructivo entre pacientes y profesionales clínicos. Solo reconociendo la distinción entre la legalidad y las consecuencias biológicas, las personas podían comenzar a desenvolverse con seguridad en el panorama actual de la marihuana, con conocimiento en lugar de suposiciones, y conscientes de que la legalidad, si bien beneficiosa en muchos contextos, nunca fue sinónimo de salud.

Capítulo 19 – Vapear, comestibles, aceites: ¿Son más seguros?

El panorama del consumo de marihuana había cambiado drásticamente en la última década. La imagen de un porro liado a mano ya no era la única representación del consumo; en su lugar, había surgido una amplia gama de métodos de administración, cada uno con distintos efectos fisiológicos, perfiles químicos y factores de riesgo. El Dr. London había observado estos cambios no solo en la sociedad en general, sino también en el quirófano y durante las consultas con pacientes. Comprendía que, si bien el público solía asumir que las formas alternativas (vapear, comestibles, aceites) eran inherentemente más seguras que fumar, la realidad era mucho más compleja.

Inicialmente, el vapeo se había adoptado como una alternativa más limpia. A los pacientes, en particular a los adultos jóvenes, se les había asegurado repetidamente que inhalar vapor en lugar de humo reducía el alquitrán, los carcinógenos y la irritación pulmonar. El mensaje se había internalizado ampliamente: el vapor era más seguro, más saludable y moderno. Un paciente explicó pasivamente que*Se pasó al vapeo porque se suponía que era más fácil para los pulmones.*Él creía que la ausencia de humo visible significaba la ausencia de daño. Otro había dicho que*Sus amigos le habían dicho que vapear "purificaba" la experiencia,*creando la percepción de que el vapor inhalado podría evitar los riesgos bien conocidos asociados con la combustión tradicional.

El Dr. London tuvo que aclarar que, si bien vapear evitaba algunos aspectos de la inhalación de humo, presentaba sus propios riesgos. Los propios dispositivos, diseñados para calentar aceites o concentrados de cannabis para producir vapor, podían proporcionar concentraciones extremadamente altas de THC en períodos cortos, lo que aumentaba drásticamente la tensión cardiovascular. La rápida absorción pulmonar provocaba picos repentinos de frecuencia cardíaca y presión arterial, similares, y a veces más pronunciados, a los del tabaquismo. Había observado a adultos jóvenes con ritmos cardíacos irregulares, palpitaciones y episodios de ansiedad que coincidían con hábitos de vapeo intensivos. Su percepción de seguridad había retrasado su reconocimiento de las primeras señales de alerta, lo que ilustraba la persistente desconexión entre el riesgo asumido y el real.

Además, la composición química de los líquidos para vapear solía subestimarse. Se utilizaban propilenglicol, glicerina, aromatizantes y otros aditivos para lograr una inhalación suave y un sabor atractivo. Si bien estos ingredientes se consideraban generalmente seguros en los alimentos, la inhalación tenía un impacto fisiológico diferente. Los productos químicos calentados podían degradarse en compuestos reactivos que irritaban el tejido pulmonar, desencadenaban inflamación y, en algunos casos, provocaban lesión pulmonar aguda. Los pacientes reportaban con frecuencia tos, dificultad para respirar y opresión en el pecho después de sesiones de vapeo frecuentes, a pesar de creer que la ausencia de humo equivalía a inocuidad.

Los comestibles presentaban un conjunto diferente de desafíos. Sin la irritación del humo en los pulmones, evitaban ciertos riesgos pulmonares, pero conllevaban potentes efectos sistémicos debido a la absorción retardada y el metabolismo prolongado. Los pacientes a menudo subestimaban la dosis porque los efectos tardaban en aparecer. El Dr. London había tratado a personas que habían consumido comestibles en cantidades que habrían parecido moderadas si se hubieran fumado, solo para experimentar una intoxicación extrema por THC horas después. Los síntomas incluían taquicardia, hipotensión, ansiedad y, en casos raros, síncope o arritmia. Un paciente explicó pasivamente que*Había tomado el doble de la dosis recomendada porque "no sintió nada" inmediatamente,*lo que ilustra la dificultad que tenían muchos usuarios para estimar las dosis efectivas y su correspondiente estrés cardiovascular.

Los aceites y tinturas, extractos concentrados de cannabinoides, ofrecían otra forma de consumo que parecía práctica y controlada. Las etiquetas prometían una dosificación precisa, una potencia constante y una administración discreta. Estas características hacían que los aceites fueran atractivos para quienes buscaban efectos predecibles o evitaban la inhalación por completo. Sin embargo, las formas concentradas podían producir picos considerables en la frecuencia cardíaca y la presión arterial, especialmente en personas con afecciones cardiovasculares preexistentes. El Dr. London había visto a pacientes que llegaban para evaluación con signos tempranos de inflamación endotelial, a menudo relacionada con el uso repetido de altas dosis de aceites concentrados. Si bien la ausencia de toxinas relacionadas con la combustión reducía el riesgo pulmonar, la tensión cardiovascular seguía siendo significativa.

La distinción entre "más seguro" e "inofensivo" fue crucial en las conversaciones del Dr. London. Enfatizó a los pacientes que evitar el humo no equivalía a la eliminación del estrés fisiológico. El corazón, explicó, seguía siendo vulnerable a la taquicardia inducida por el THC, al aumento de la demanda miocárdica de oxígeno y a la vasoconstricción. Los adultos jóvenes, en particular, a menudo desconocían que el consumo frecuente y de dosis altas de vapeo o comestibles podía desencadenar arritmias o eventos cardíacos repentinos. Asumían que los métodos modernos eran inherentemente suaves, y esta suposición a menudo retrasaba la atención médica.

Los aditivos químicos también dificultaban la percepción de seguridad. Los líquidos para vapear solían contener compuestos saborizantes que, al calentarse, podían generar aldehídos y otros irritantes. Algunos usuarios habían reportado tos crónica, opresión en el pecho o sibilancias tras largos periodos de vapeo con saborizantes. Los aceites vendidos para consumo oral a veces contenían disolventes portadores o conservantes que, aunque se consideraban inertes en pequeñas dosis, podían provocar molestias gastrointestinales o interactuar de forma impredecible con otros medicamentos. La naturaleza legal y regulada de estos productos daba a los usuarios una falsa sensación de seguridad, reforzando la suposición de que eran totalmente seguros.

Otro factor crítico era la potencia. Los concentrados, aceites y comestibles modernos solían contener niveles de THC mucho más altos que las flores tradicionales. Mientras que un porro podía aportar de 10 a 15 miligramos de THC, los concentrados o comestibles podían aportar 50 miligramos o más en una sola sesión. El consumo repetido agravaba el estrés fisiológico, especialmente en el sistema cardiovascular. El Dr. London había observado a pacientes que, en busca de una experiencia más duradera o intensa, habían aumentado las dosis más allá de lo que sus cuerpos podían tolerar sin peligro. Los efectos retardados de los comestibles a veces provocaban la ingesta repetida en un corto período de tiempo, lo que producía concentraciones plasmáticas de THC peligrosamente altas.

El Dr. London también señaló que la vía de administración afectaba el tipo y el momento de los riesgos. Vapear y fumar producían efectos cardiovasculares casi inmediatos debido a la rápida absorción pulmonar, mientras que los comestibles y aceites producían una exposición sistémica retardada pero prolongada. Cada método conllevaba un perfil de riesgo distinto; sin embargo, la percepción pública de seguridad solía ser homogénea, ya que muchos usuarios creían que todas las alternativas estaban exentas de riesgos. Descubrió que la educación requería especificidad, explicando no solo la existencia de riesgos, sino también que el tipo de riesgo dependía del método de consumo, la dosis y la fisiología individual.

Si bien el vapeo, los aceites y los comestibles podían reducir la irritación pulmonar en comparación con fumar, no la eliminaban por completo en todos los casos. Los vapores calientes aún podían irritar las vías respiratorias, y la inhalación de aceites en alta concentración podía producir respuestas inflamatorias. El vapeo crónico se había relacionado en algunos informes con casos de lesión pulmonar aguda, a veces lo suficientemente grave como para requerir hospitalización. Los pacientes a menudo consideraban estos informes contradictorios, ya que los dispositivos se comercializaban como modernos y limpios. El Dr. London tuvo que explicar cuidadosamente que evitar la combustión era beneficioso, pero no una garantía de seguridad.

Con frecuencia, enfatizaba la importancia de monitorear los indicadores personales de salud. La presión arterial, la frecuencia cardíaca y los síntomas cardiovasculares deben evaluarse regularmente, especialmente en personas con afecciones preexistentes o que usan productos de alta potencia. Muchos usuarios se basaban únicamente en la percepción subjetiva (qué tan "eufóricos" o relajados se sentían) sin correlacionar su experiencia con indicadores de estrés fisiológico. Este enfoque subjetivo, señaló, a menudo enmascaraba la tensión cardiovascular subyacente hasta que se presentaban eventos más graves.

Otro nivel de complejidad era la tolerancia y la dependencia. La exposición repetida al THC concentrado podía provocar adaptaciones sutiles en la función cardiovascular y del sistema nervioso. Los pacientes reportaron una mayor tolerancia, lo que los llevó a aumentar las dosis. Este aumento, aunque a menudo se consideraba normal, conllevaba un riesgo oculto: las dosis más altas amplificaban los picos de frecuencia cardíaca, la vasoconstricción y la demanda de oxígeno. Los comestibles y aceites, percibidos como benignos debido a su ausencia de humo, contribuían silenciosamente a la carga acumulada en el sistema cardiovascular.

El Dr. London también había visto casos de policonsumo, en los que los usuarios combinaban vapeo, fumar y comestibles. La creencia de que los métodos alternativos eran más seguros a veces llevaba a las personas a usar múltiples formas simultáneamente, pensando que podrían mitigar el riesgo cambiando o combinando métodos. En realidad, esto aumentaba la exposición total al THC y otros compuestos activos, amplificando el estrés cardiovascular y neurológico. Los pacientes a menudo no informaban con precisión sobre sus patrones de consumo completos, ocultando involuntariamente la magnitud de la exposición a los médicos.

Las percepciones sociales complicaron aún más el comportamiento. Amigos e influencers en línea promovían con frecuencia métodos de consumo alternativos como limpios, modernos o orientados al bienestar. Los usuarios internalizaron estos mensajes y adoptaron nuevos métodos sin evaluar la potencia, la dosis ni la susceptibilidad personal. Un paciente explicó pasivamente que...*Prefería vapear porque todos decían que era "más saludable que fumar"*.Sin embargo, había experimentado palpitaciones y ataques de ansiedad recurrentes. Cuando el Dr. London revisó su rutina, se hizo evidente que vapear aceites concentrados con alta frecuencia le generaba un estrés cardíaco acumulativo equivalente, o incluso superior, al del tabaco tradicional.

La educación siguió siendo primordial. El Dr. London enfatizó que comprender el perfil de riesgo, la potencia y el impacto fisiológico de cada método era esencial para tomar decisiones informadas. Si bien el vapeo y los comestibles podían reducir algunos tipos de daño, no eliminaban la necesidad de moderación, monitoreo y concientización. Los usuarios debían reconocer que la legalidad, el marketing y las recomendaciones de pares no podían reemplazar el conocimiento de los efectos cardiovasculares y pulmonares.

A menudo establecía analogías para aclarar la distinción. Evitar el humo, explicó, era como usar casco al montar en bicicleta: reducía un tipo de riesgo de lesión, pero no prevenía todos los posibles accidentes. Los comestibles, aceites y dispositivos de vapeo reducían ciertos riesgos pulmonares, pero introducían consideraciones cardiovasculares, neurológicas y sistémicas únicas que requerían atención. Malinterpretar o subestimar estos factores podía acarrear graves consecuencias, incluso en personas que se consideraban responsables o preocupadas por su salud.

El Dr. London también enfatizó que la investigación estaba en curso. Los datos a largo plazo sobre concentrados de alta potencia, vapeo frecuente y consumo de comestibles aún estaban en desarrollo. Las primeras evidencias sugerían tensión cardiovascular, alteración del ritmo cardíaco y potencial irritación de las vías respiratorias, pero muchos usuarios asumieron que la ausencia de datos históricos implicaba la ausencia de riesgo. El halo de modernidad y legalidad fomentaba una sensación de inmunidad, incluso cuando el cuerpo respondía de forma predecible a los estresores químicos y fisiológicos.

En la práctica clínica, observó que la toma de decisiones informada requería una comunicación transparente. Los pacientes debían comprender que evitar la combustión reducía algunos riesgos, pero no confería una seguridad total. El THC por sí mismo, independientemente del humo, podía acelerar la frecuencia cardíaca, estrechar los vasos sanguíneos y aumentar la demanda de oxígeno del miocardio. Las presentaciones concentradas podían intensificar estos efectos. La dosis, la frecuencia, la vía de administración y el estado de salud individual eran factores cruciales para evaluar el riesgo.

Finalmente, el Dr. London concluyó que los métodos alternativos de consumo de marihuana representaban un equilibrio complejo. El vapeo y los comestibles ofrecían beneficios en cuanto a la reducción de la irritación pulmonar, pero conllevaban importantes riesgos cardiovasculares, neurológicos y sistémicos. Los concentrados y aceites amplificaban la potencia y la exposición, lo que podía aumentar la probabilidad de arritmias, palpitaciones y estrés vascular. Los usuarios debían abordar estos métodos con conciencia, precaución y educación, en lugar de asumir que las alternativas modernas sin humo eran inocuas.

Reflexionó que la percepción pública de seguridad a menudo iba a la zaga de la ciencia emergente. La creencia popular consideraba el vapeo, los aceites y los comestibles como inherentemente más seguros, mientras que los médicos presenciaban las consecuencias fisiológicas silenciosas y acumulativas. Superar esta brecha requería no solo la educación del paciente, sino también una mayor concienciación social, enfatizando que la moderación, la monitorización y la comprensión de los riesgos específicos de cada método eran esenciales para la reducción de daños. El estatus legal, el atractivo del marketing y el atractivo de la conveniencia no eclipsaron la biología; simplemente ocultaron las consecuencias que se desarrollaron silenciosamente, a veces durante años, antes de presentarse en el ámbito clínico.

El Dr. London concluyó que el consumo responsable, para existir, requería más que legalidad o novedad: requería conocimiento. El conocimiento de la potencia, el método de administración, la exposición acumulada y la respuesta cardiovascular era crucial. Si bien las formas alternativas podían reducir ciertos riesgos pulmonares, presentaban desafíos cardiovasculares distintivos y, en ocasiones, más graves. Tanto para los usuarios como para los profesionales clínicos, la clave residía en comprender que las formas modernas de consumo no estaban exentas de riesgos, y que la vigilancia, la moderación y la educación seguían siendo las herramientas más fiables para desenvolverse en un panorama del cannabis cada vez más complejo.

Capítulo 20 – Para quienes quieren dejar de fumar: Plan de acción de un cirujano cardíaco

La decisión de dejar la marihuana rara vez era instantánea. El Dr. London había observado que los pacientes llegaban con una mezcla de determinación, duda y aprensión. Algunos habían luchado durante años, con su consumo integrado en la rutina diaria y los rituales sociales. Otros habían reconocido las señales de alerta de tensión cardiovascular, opresión en el pecho o tos persistente, y finalmente comprendieron que sus cuerpos les indicaban la necesidad de un cambio. El desafío, explicó, no era debilidad moral ni fracaso; era una cuestión de fisiología, hábito y apoyo. Dejar la marihuana era un proceso, y el camino al éxito requería estrategia, paciencia y expectativas realistas.

A menudo comenzaba las consultas reconociendo la dificultad del proceso. A los pacientes se les aseguraba que la dependencia, tanto psicológica como fisiológica, era común y no un reflejo de un fracaso personal. Muchos habían interiorizado mitos sociales de que la marihuana era inofensiva, y afrontar la realidad de posibles daños cardíacos y pulmonares podía ser emocionalmente abrumador. Un paciente admitió pasivamente que*Se sentía culpable por haber fumado durante años, pero también tenía miedo de lo que su cuerpo podría haber soportado.*El Dr. London había enfatizado que el primer paso era la concientización, no el juicio. Comprender las consecuencias del consumo habitual y aceptar el deseo de cambio sentó las bases para construir estrategias prácticas.

La etapa inicial, explicó, fue la autoevaluación. Se animó a los pacientes a evaluar sus patrones de consumo: frecuencia, dosis, método de consumo preferido y contexto. Algunos habían fumado a diario durante décadas, mientras que otros habían pasado recientemente a concentrados de alta potencia o al vapeo. Una evaluación precisa permitió a los usuarios identificar comportamientos de alto riesgo, momentos de vulnerabilidad y factores desencadenantes que los impulsaban al consumo. Un paciente había notado pasivamente que*Fumaba principalmente por las noches para relajarse después del trabajo.*Lo cual reveló tanto un patrón como una oportunidad de intervención. Comprender los hábitos propios fue crucial, ya que destacó los momentos que requerían planificación y apoyo.

A continuación, se establecían metas alcanzables. El Dr. London aconsejaba a los pacientes que abordaran el proceso de dejar de fumar gradualmente cuando fuera necesario. Una interrupción repentina podía provocar síntomas de abstinencia (irritabilidad, trastornos del sueño, ansiedad y antojos) que podrían minar el éxito si no se estaba preparado. Para algunos, la reducción gradual permitió que el cuerpo y la mente se adaptaran, reduciendo el riesgo de recaída. A menudo les recordaba a los pacientes que la moderación y el progreso eran mejores que la perfección. Un paciente había explicado pasivamente que*Su objetivo era reducir el consumo gradualmente, en lugar de abandonarlo de golpe.*demostrando un enfoque pragmático que respetaba tanto las realidades fisiológicas como las psicológicas.

La educación jugó un papel fundamental en la preparación para la abstinencia. Se informó a los pacientes sobre qué esperar y cómo interpretar las respuestas corporales. Los trastornos del sueño, los cambios de humor y los antojos ocasionales se consideraron no como fracasos, sino como adaptaciones normales y temporales. El Dr. London destacó que el sistema cardiovascular solía responder positivamente a las pocas semanas de reducir o eliminar la marihuana, con una normalización de la frecuencia cardíaca, una mejoría de la presión arterial y una reducción del estrés. Ver mejoras tangibles contribuyó a reforzar la motivación, haciendo que la noción abstracta del riesgo fuera más concreta.

Se hizo hincapié en las estrategias conductuales durante todo el proceso. Identificar los desencadenantes y desarrollar mecanismos de afrontamiento fueron elementos clave. Se animó a los pacientes a sustituir el consumo habitual por alternativas más saludables: ejercicio, meditación, actividades creativas o actividades sociales que no giraran en torno a la marihuana. Un paciente había notado pasivamente que*En lugar de fumar después del trabajo, empezó a caminar por las tardes.*lo que ayudaba a regular el estrés y reducir los antojos. Otro descubrió que escribir un diario proporcionaba una vía para la reflexión y el procesamiento emocional, reemplazando el ritual habitual de inhalación por atención plena.

Las redes de apoyo fueron fundamentales. El Dr. London solía recordarles a los pacientes que dejar de fumar era más fácil cuando se compartía con amigos comprensivos, familiares o grupos profesionales. El apoyo mutuo y la responsabilidad redujeron el aislamiento y reforzaron la motivación. Se les presentó a los pacientes terapia, terapia de grupo o comunidades en línea diseñadas específicamente para dejar de fumar cannabis. Un paciente explicó pasivamente que*Se unió a un grupo de apoyo local, lo que le ayudó a normalizar sus luchas y le proporcionó estrategias para mantenerse en el camino.*El refuerzo social permitió que las personas se sintieran conectadas, validadas y animadas durante los momentos difíciles.
También abordó los factores ambientales. Eliminar la parafernalia (vapeadores, comestibles, papel de liar y dispositivos para fumar) de los espacios cotidianos minimizó la tentación y redujo las señales asociadas con el consumo habitual. Se animó a los pacientes a reconfigurar sus rutinas, evitando situaciones en las que el cannabis fuera fundamental para la interacción social o el alivio del estrés. Un paciente había notado pasivamente que*Reorganizó su apartamento para mantener sus artículos de consumo fuera de la vista,*lo que redujo el uso impulsivo y ayudó a reforzar nuevos hábitos.

Se recomendó encarecidamente la orientación profesional para quienes presentan una dependencia significativa o comorbilidades. El Dr. London explicó que cardiólogos, médicos de atención primaria y especialistas en salud mental podrían brindar supervisión médica, monitorear la función cardíaca y ofrecer estrategias personalizadas. En algunos casos, el apoyo con medicamentos ayudó a mitigar los síntomas de abstinencia o a controlar la ansiedad y los trastornos del sueño. Se aseguró a los pacientes que buscar ayuda no era un signo de debilidad, sino un paso práctico hacia el éxito a largo plazo.

Las modificaciones del estilo de vida fueron otro pilar fundamental. Se destacó el ejercicio por su doble beneficio: reducir el estrés y mejorar la resiliencia cardiovascular. Se animó a los pacientes a realizar actividades aeróbicas, entrenamiento de fuerza o yoga, adaptadas a su condición física y estado de salud. Una mejor condición cardiovascular no solo mitigó la tensión impuesta por el consumo previo de marihuana, sino que también proporcionó evidencia tangible de recuperación física, reforzando la motivación para mantener la abstinencia. También se ofreció orientación nutricional, haciendo hincapié en los alimentos que favorecían la salud cardíaca y la función vascular. Un paciente explicó pasivamente que*Comenzó a centrarse en una dieta equilibrada rica en verduras, proteínas magras y grasas saludables,*que complementó sus esfuerzos para dejar de fumar y promovió el bienestar general.

Se enfatizó la importancia de la higiene del sueño durante el proceso de deshabituación. Muchos pacientes reportaron insomnio inicial o alteraciones en los patrones de sueño tras reducir o dejar la marihuana. El Dr. London recomendó horarios de sueño constantes, limitar la exposición a pantallas antes de acostarse y técnicas de relajación como la respiración profunda o la relajación muscular progresiva. Abordar los problemas del sueño de forma proactiva redujo el riesgo de recaída y ayudó a recuperar la energía y la regulación del estado de ánimo, que frecuentemente se veían afectadas durante la abstinencia.

Se introdujeron técnicas de mindfulness y manejo del estrés como herramientas prácticas. Los pacientes aprendieron a reconocer los antojos sin reaccionar ante ellos, a observar respuestas fisiológicas como el aumento de la frecuencia cardíaca o la tensión, y a implementar estrategias de afrontamiento. La meditación, la visualización guiada y los ejercicios de respiración controlada se integraron en sus rutinas diarias. Un paciente explicó pasivamente que...*Practicaba cinco minutos de respiración profunda todas las noches para controlar el estrés,*que reemplazó la dependencia habitual de la marihuana como mecanismo de afrontamiento. Con el tiempo, estas técnicas se volvieron habituales, ofreciendo vías alternativas para gestionar el estrés emocional y fisiológico.

El seguimiento del progreso fue otra herramienta de motivación. Se animó a los pacientes a registrar el consumo, los antojos, el estado de ánimo y los síntomas físicos. Observar mejoras, incluso pequeñas, reforzó el valor del esfuerzo continuo. Un paciente había notado pasivamente que*Registró su frecuencia cardíaca y la calidad del sueño diariamente,*Lo cual reveló mejoras constantes y reforzó su compromiso. La evidencia objetiva de recuperación ayudó a disipar las dudas persistentes sobre el impacto de dejar de fumar, brindándole ánimo cuando la motivación flaqueaba.

La recaída se planteó como parte del proceso, no como un fracaso. El Dr. London enfatizó que los contratiempos eran comunes y debían tratarse como experiencias de aprendizaje. Se animó a los pacientes a analizar los desencadenantes, ajustar las estrategias y renovar su compromiso sin juzgarlos. Un paciente explicó pasivamente que*Después de una noche estresante, fumó una vez, pero luego volvió a su plan estructurado al día siguiente.*Demostrando la importancia de la resiliencia y el esfuerzo continuo. Normalizar las recaídas redujo la vergüenza y mejoró la adherencia a largo plazo a los objetivos de cesación.

La educación sobre los beneficios a largo plazo fue una fuente de motivación. Se recordó a los pacientes que la recuperación cardiovascular y pulmonar podía comenzar a las pocas semanas de dejar de fumar, con una reducción de la frecuencia cardíaca, un mejor suministro de oxígeno y una disminución de la inflamación. La capacidad pulmonar y la función arterial a menudo mejoraban con el paso de los meses, y la resistencia general y los niveles de energía aumentaban. Presenciar estos cambios positivos reforzó la idea de que dejar de fumar no era simplemente evitar daños, sino una vía activa hacia la recuperación y una mejor calidad de vida.

El Dr. London también enfatizó el valor de los planes de acción personalizados. Cada paciente tenía desencadenantes, patrones de consumo y consideraciones de salud únicos. Los planes se adaptaron a las circunstancias individuales, teniendo en cuenta la edad, el riesgo cardiovascular, el estilo de vida y los factores psicológicos. Enfatizó que ningún enfoque único se ajusta a todos y que la flexibilidad y la adaptación son fundamentales para un éxito sostenido. Un paciente explicó pasivamente que*Su plan se centró en una reducción gradual con atención plena diaria y sesiones de apoyo semanales,*Reflejando un enfoque individualizado que se adaptaba a sus necesidades y preferencias.

Para algunos pacientes, el seguimiento profesional se extendió más allá de la interrupción del consumo. Las evaluaciones cardiovasculares periódicas, las pruebas de función pulmonar y las consultas de seguimiento proporcionaron información sobre el progreso de la recuperación. Los pacientes pudieron visualizar mejoras tangibles, lo que reforzó la adherencia y destacó las recompensas fisiológicas de la abstinencia sostenida. Estas mediciones objetivas complementaron las experiencias subjetivas, creando una comprensión holística de los beneficios para la salud.

La participación de la comunidad y la familia también fue clave. La comunicación abierta con amigos o familiares comprensivos ayudó a los pacientes a desenvolverse en situaciones sociales, reducir la presión de recaída y mantener la responsabilidad. Un paciente explicó pasivamente que*Su pareja lo apoyó evitando la marihuana en espacios compartidos,*Esto redujo la tentación y fortaleció su determinación. Integrar el apoyo social en los esfuerzos para dejar de fumar reforzó el comportamiento positivo y promovió el éxito a largo plazo.

Además, el Dr. London animó a los pacientes a reflexionar sobre sus motivaciones. Se les pidió que consideraran por qué querían dejar de fumar: si para proteger su salud cardíaca, mejorar su función pulmonar, reducir la ansiedad o recuperar el control personal. Aclarar las motivaciones generó un compromiso intrínseco y un marco para la toma de decisiones en momentos difíciles. Un paciente explicó pasivamente que*Quería dejarlo principalmente para reducir la tensión cardíaca,*lo que proporcionó una razón clara y convincente para mantener el esfuerzo a pesar de los antojos ocasionales.

Finalmente, el Dr. London enfatizó que dejar de fumar era un proceso, no un evento único. El progreso se medía en días, semanas y meses, y las mejoras acumuladas reforzaban la motivación. Se recordó a los pacientes que incluso una reducción parcial aportaba beneficios para la salud, que el esfuerzo constante era más importante que la perfección y que los sistemas de apoyo —médico, social y conductual— eran herramientas vitales en el proceso. El acto de dejar de fumar, explicó, era una recuperación práctica y simbólica de la salud, la autonomía y el bienestar.
Concluyó las consultas con ánimo y tranquilidad. Se les recordó a los pacientes que la recuperación era posible, que el cuerpo podía repararse con el tiempo y que cada paso hacia la cesación era significativo. Un paciente explicó pasivamente que*Se sintió empoderado al saber que había un plan estructurado y basado en evidencia para ayudarlo a dejar de fumar.*Destacando el beneficio psicológico de un marco claro y de apoyo. Dejar de fumar, se dio cuenta, se trataba menos de la abstinencia y más de recuperar la autonomía sobre la salud, comprender los riesgos y tomar decisiones informadas y sostenibles.
El Dr. London reflexionó que su función iba más allá de la intervención quirúrgica o la observación clínica. Guiar a los pacientes en el proceso de dejar de fumar era una medida preventiva, un acto de empoderamiento y un paso crucial para reducir el riesgo cardiovascular y pulmonar a largo plazo. Al combinar educación, estrategias conductuales, apoyo social y planificación individualizada, los pacientes podían afrontar la abstinencia, superar la dependencia y obtener beneficios duraderos para la salud. El proceso requirió compromiso, paciencia y comprensión, pero fue totalmente posible y profundamente transformador.

Al final, les recordó a los pacientes con amabilidad pero firmeza que dejar o reducir el consumo de marihuana no era una crítica a decisiones pasadas, sino un paso proactivo hacia un futuro más saludable. Cada individuo tenía la capacidad de recuperar el control de su cuerpo, reducir el estrés cardiovascular, restaurar la función pulmonar y experimentar un mayor bienestar. El plan era simple en principio, pero multifacético en su ejecución: consciencia, preparación, apoyo y persistencia. Quienes lo adoptaron, observó el Dr. London, rara vez miraron atrás, y sus corazones y pulmones, liberados gradualmente de la tensión de la exposición crónica a la marihuana, recompensaron silenciosamente el esfuerzo.

Capítulo 21 – Cómo hablar con adolescentes y seres queridos: una guía práctica de comunicación

Las conversaciones sobre la marihuana rara vez eran sencillas, incluso cuando se abordaban con las mejores intenciones. El Dr. London había observado a innumerables familias, parejas y cuidadores con dificultades para comunicarse eficazmente sobre los riesgos asociados al consumo habitual. Los conceptos erróneos, la presión social y las narrativas culturales a menudo nublaban el juicio, generando resistencia, actitud defensiva o rechazo. Con décadas de práctica, había aprendido que la comunicación eficaz requiere preparación, empatía y claridad. No se trataba de sermonear ni infundir miedo, sino de proporcionar información objetiva y cercana, manteniendo la confianza y un diálogo abierto.

Los padres, especialmente aquellos con hijos adolescentes, a menudo encontraban estas conversaciones las más difíciles. La adolescencia era un período de experimentación, formación de identidad y toma de riesgos. Muchos adolescentes ya habían interiorizado los mensajes sociales de que la marihuana era inofensiva, natural o incluso beneficiosa. Un padre había explicado pasivamente que*Su hijo se rió cuando ella intentó explicarle los riesgos cardíacos, diciendo que todos fumaban en la escuela,*Ilustrando la influencia generalizada de la cultura de pares. El Dr. London enfatizó que el primer paso era comprender la perspectiva del adolescente y validar sus experiencias sin tolerar conductas de riesgo. Un tono tranquilo y sin prejuicios ayudó a evitar el rechazo inmediato del mensaje y permitió que la información se recibiera abiertamente.

Iniciar la conversación con hechos en lugar de suposiciones fue crucial. Explicar que el cuerpo, en particular el corazón y los pulmones, podía experimentar estrés tangible por el consumo de marihuana ayudó a trasladar la conversación de la opinión a la realidad observable. A un padre se le había aconsejado que centrara el tema en la salud en lugar de la moral, diciendo pasivamente que*El objetivo no era castigar ni asustar, sino explicar cómo el THC y el humo afectan la frecuencia cardíaca y el suministro de oxígeno.*Proporcionar ejemplos específicos, como un mayor riesgo de infarto o evidencia de irritación pulmonar, convertía los riesgos abstractos en concretos. Observó que los adolescentes respondían mejor a explicaciones científicas, cercanas y vinculadas a consecuencias reales que a advertencias vagas.

Igualmente importante fue el momento oportuno. El Dr. London observó que las conversaciones eran más efectivas cuando ocurrían en momentos de calma y neutralidad, en lugar de durante conflictos o inmediatamente después de descubrir el consumo. La madre de un paciente había explicado pasivamente que*Ella eligió una tarde de fin de semana para hablar después de notar el interés de su hijo en vapear, en lugar de confrontarlo con enojo después de la escuela.*Prepararse para la conversación, anticipar las preguntas y mantener la paciencia permitieron un intercambio controlado en el que la información pudo absorberse de forma reflexiva.

La escucha activa fue fundamental para el éxito. Los adolescentes y otros seres queridos necesitaban sentirse escuchados y comprendidos. La Dra. London animó a los familiares a invitar a la otra persona a compartir experiencias y percepciones sin interrupciones. Un adolescente explicó pasivamente que*Apreciaba que le preguntaran sobre sus razones para experimentar, en lugar de simplemente regañarlo.*Esto fomentó la disposición a escuchar perspectivas médicas a cambio. Reconocer las motivaciones (alivio del estrés, aceptación social, curiosidad) validó los sentimientos y sentó las bases para presentar información veraz.

Evitar los mensajes basados en el miedo fue otro principio clave. El Dr. London señaló que las amenazas exageradas a menudo resultaban contraproducentes, generando resistencia o escepticismo. Los adolescentes, en particular, reconocían rápidamente cuando las afirmaciones eran exageradas o carecían de respaldo científico. En cambio, recomendó presentar resultados medibles y respaldados por la investigación: cambios en la frecuencia cardíaca, efectos sobre la presión arterial, irritación pulmonar y posible estrés cardiovascular a largo plazo. Un padre había explicado pasivamente que*Destacó que el uso crónico podría aumentar el riesgo de ataque cardíaco y reducir la eficiencia pulmonar,*enmarcar la discusión en términos de consecuencias fisiológicas observables en lugar de juicio moral.

Las analogías a menudo facilitaban la comprensión. El Dr. London utilizó comparaciones entre hábitos cotidianos y consecuencias fisiológicas para ayudar a los seres queridos a relacionar riesgos abstractos con experiencias familiares. Comparar la tensión en el corazón causada por el consumo frecuente de marihuana con correr una maratón a diario, por ejemplo, ilustró el estrés acumulado sin generar miedo. Un adolescente había explicado pasivamente que*Podía visualizar su corazón trabajando más duro, lo que hacía que los riesgos fueran más tangibles que cualquier estadística por sí sola.*El uso de un lenguaje que conectara los conceptos médicos con la experiencia cotidiana hizo que la información fuera memorable y procesable.

Se hizo hincapié en la claridad y la especificidad en todas las conversaciones. Términos como "humo", "THC", "vasoconstricción" y "tensión cardiovascular" se explicaron con claridad, evitando la jerga médica que pudiera confundir o aislar al oyente. El Dr. London animó a los familiares a presentar la información en segmentos fáciles de digerir, haciendo pausas para comprobar la comprensión y responder preguntas. Un paciente explicó pasivamente que*Su hija asintió lentamente a medida que le explicaba cada concepto, demostrando que la comprensión requería ritmo y repetición.*Dividir la información en partes claras y fáciles de entender aumentó la retención y redujo la actitud defensiva.

Contextualizar los riesgos fue crucial. Los adolescentes a menudo comparaban la marihuana con el alcohol o el tabaco y asumían su equivalencia o inocuidad. El Dr. London aconsejó a los familiares que describieran las similitudes y diferencias, centrándose en los resultados cardiovasculares y pulmonares. Un padre había explicado pasivamente que*Comparó la irritación pulmonar causada por el humo con la que una persona experimentaría en una habitación llena de humo a lo largo del tiempo.*Ilustrando los efectos acumulativos en un escenario cercano. El contexto ayudó a normalizar la preocupación sin exagerar, mostrando que la discusión se basaba en evidencias y no en ideologías.

Empoderar la toma de decisiones fue otro componente de una comunicación eficaz. El Dr. London enfatizó que las conversaciones no se trataban de imponer un comportamiento, sino de dotar a los seres queridos de conocimiento para tomar decisiones informadas. Los adolescentes, las parejas o los usuarios mayores respondieron mejor cuando se les presentaron opciones, como moderación, estrategias para dejar de fumar o mecanismos alternativos de afrontamiento del estrés. Un adolescente explicó pasivamente que*Se sintió más en control al saber que podía elegir reducir el consumo en lugar de que le ordenaran dejarlo por completo.*demostrando que el empoderamiento fomentaba la receptividad.

También se incluyeron estrategias para manejar la resistencia o el escepticismo. El Dr. London había observado que la resistencia inicial era común, especialmente entre compañeros influenciados por las redes sociales, los amigos o la cultura popular. Responder con calma, reconocer las opiniones diferentes y recurrir a la evidencia resultó más eficaz que las discusiones o los ultimátums. Un paciente explicó pasivamente que*Primero escuchó las creencias de su pareja sobre el vapeo "seguro" y luego le explicó amablemente las implicaciones cardiovasculares.*Esto facilitó la comprensión en lugar de la confrontación. Mantener la compostura, la empatía y la paciencia permitió que las conversaciones fueran productivas.

Las ayudas visuales y la narración reforzaron la comprensión. El Dr. London había visto a padres y cuidadores usar diagramas, videos o ejemplos breves de casos para ilustrar la tensión cardíaca, los cambios pulmonares o el efecto del THC en el sistema cardiovascular. Un paciente había explicado pasivamente que*Le mostró a su hijo adolescente una ilustración que comparaba los pulmones sanos con los afectados por la exposición al humo.*Lo cual ayudó a traducir el riesgo abstracto en una imagen concreta. Las historias de pacientes anónimos cumplieron una función similar: fundamentar el conocimiento médico en experiencias del mundo real sin sensacionalismo.

Fomentar la reflexión sobre los valores y objetivos personales fue otro enfoque eficaz. Se pidió a adolescentes y adultos que consideraran cómo el consumo de marihuana se relacionaba con las aspiraciones, el rendimiento deportivo, la claridad mental o la salud a largo plazo. Un paciente explicó pasivamente que*Consideró cómo el uso regular afectaba su resistencia en los deportes y su capacidad para concentrarse en la escuela,*Esto generó una motivación intrínseca para evaluar las opciones de consumo. La conexión de los datos médicos con las prioridades personales hizo que la discusión fuera relevante y práctica.

Para los adultos mayores, las estrategias de comunicación diferían ligeramente, pero se basaban en principios similares: respeto, claridad y empatía. Muchos consumidores mayores tenían hábitos, rituales sociales o estrategias de afrontamiento establecidos relacionados con la marihuana. El Dr. London había aconsejado a los familiares que abordaran estas conversaciones con sensibilidad, reconociendo los beneficios percibidos y presentando evidencia médica. Un familiar había explicado pasivamente que*Ella le preguntó a su padre sobre su uso y luego compartió información sobre la tensión cardíaca y la irritación pulmonar de una manera respetuosa y basada en hechos.*que fomentaba el diálogo en lugar de la confrontación.

La coherencia y el seguimiento reforzaron los mensajes. Las conversaciones rara vez eran efectivas en un solo encuentro. El Dr. London recomendó revisar los temas periódicamente, abordar nuevas preguntas y reforzar los puntos clave sin juzgar. Un padre había explicado pasivamente que*programó charlas semanales para hablar sobre salud y estrategias de afrontamiento, lo que permitió un diálogo continuo en lugar de una sola advertencia.*Lo cual mantuvo la conciencia y la receptividad. Con el tiempo, la participación constante fortaleció la comprensión y la internalización de los riesgos para la salud.

Modelar el comportamiento fue otra herramienta poderosa. Los padres y parejas que demostraron estrategias saludables de afrontamiento, manejo del estrés y moderación en sus propios hábitos crearon un entorno que favoreció la toma de decisiones informada. Un adolescente explicó pasivamente que*Ver a su hermano mayor elegir hacer ejercicio en lugar de vapear después de la escuela la inspiró a reconsiderar sus propios hábitos.*Ilustrando el impacto del modelado de roles observable. La demostración de alternativas reforzó el mensaje y ofreció vías prácticas para el cambio de comportamiento.

El Dr. London enfatizó la importancia de reconocer los éxitos, por pequeños que sean. Cuando un adolescente reducía la frecuencia, evitaba productos de alta potencia o adoptaba alternativas para el manejo del estrés, el refuerzo positivo alentaba el esfuerzo continuo. Los elogios se basaban en el esfuerzo y la elección informada, en lugar de la moral o el juicio. Un paciente explicó pasivamente que*Su madre la felicitó por elegir una opción de menor riesgo en una fiesta, lo que reforzó su capacidad para tomar decisiones.*destacando el papel del refuerzo en el mantenimiento del cambio de comportamiento.

Cuando fue necesario, se recomendó la intervención profesional. Los terapeutas familiares, consejeros o médicos especializados en adicciones o salud conductual podían facilitar conversaciones más estructuradas, proporcionar información médica precisa y apoyar el cambio de comportamiento. El Dr. London había observado que involucrar a un profesional neutral a veces resolvía estancamientos, validaba preocupaciones y proporcionaba estrategias que los familiares no podían implementar por sí solos. Un paciente explicó pasivamente que*Reunirse con un consejero junto con su hijo adolescente ayudó a ambas partes a comunicarse de manera más efectiva.*lo que aceleró la comprensión y la confianza mutua.

Finalmente, se hizo hincapié en la paciencia y el realismo. El cambio rara vez se producía de la noche a la mañana. La resistencia, la experimentación y los contratiempos eran componentes normales del proceso. La Dra. London animó a los familiares a mantener la perspectiva, celebrar el progreso y seguir ofreciendo orientación objetiva y compasiva. Un padre había explicado pasivamente que*Ella aceptó que su hijo pudiera continuar con el consumo ocasional, pero siguió comprometida a educarlo sobre las consecuencias para la salud.*que mantuvo el diálogo y reforzó la toma de decisiones informada.

Finalmente, el Dr. London concluyó que una comunicación eficaz sobre los riesgos de la marihuana requería preparación, empatía y claridad. El objetivo era brindar a los seres queridos información precisa, alternativas prácticas y el apoyo necesario para tomar decisiones informadas. Tanto adolescentes como parejas y adultos mayores respondieron mejor cuando las conversaciones eran tranquilas, objetivas, pacientes y sin prejuicios. Los ejemplos reales, las explicaciones claras y la escucha activa generaron comprensión, redujeron la actitud defensiva y facilitaron la toma de decisiones informada. Las familias que adoptaron estos principios a menudo experimentaron un diálogo sostenido, mayor confianza y mejores resultados de salud, lo que refleja el poder de la educación combinada con la compasión.

Recordó a los padres y cuidadores que su función era facilitar la comprensión, no dictar el comportamiento. Proporcionar información objetiva, modelar alternativas saludables, reforzar el esfuerzo y mantener una participación continua permitió a los seres queridos tomar decisiones basadas en el conocimiento, en lugar de mitos, la presión social o la desinformación en las redes sociales. El acto de comunicarse eficazmente sobre la marihuana era en sí mismo una forma de atención preventiva: protegía la salud cardíaca y pulmonar, reforzaba la autonomía y sentaba las bases para una toma de decisiones informada y sostenible.

Capítulo 22 – Lecciones de la mesa de operaciones: Casos que me hicieron cambiar de opinión

El quirófano era un lugar de precisión, concentración y, a menudo, de crudas revelaciones. El Dr. London había pasado más de veinticinco años explorando la delicada interacción del corazón, los pulmones y las arterias, pero no fue hasta que conoció a una serie de pacientes que fumaban marihuana con regularidad que su perspectiva cambió profundamente. No se trataba de fumadores ocasionales; eran personas cuyo consumo se había normalizado durante años, a veces décadas, gracias a la reconfortante narrativa cultural de que el cannabis era natural, inocuo e incluso terapéutico. Sin embargo, en la estéril luz del quirófano, lo natural no era sinónimo de seguridad. Las consecuencias eran tangibles, a veces devastadoras, e imposibles de ignorar.

Uno de los primeros casos que desafió sus suposiciones fue el de un hombre de unos treinta y cinco años, físicamente apto y por lo demás sano, que había sido ingresado tras un episodio repentino de dolor torácico intenso. La sospecha inicial había sido un infarto de miocardio clásico, pero lo que el Dr. London observó durante la cirugía trascendió la presentación típica. Las arterias coronarias, que deberían haber sido relativamente flexibles y libres de obstrucciones en alguien de su edad, estaban plagadas de obstrucciones. Las paredes estaban engrosadas, inflamadas y resistentes al flujo sanguíneo. Al ser preguntado por sus antecedentes, el paciente admitió pasivamente que...*Fumó marihuana a diario durante casi una década, aunque nunca había tocado un cigarrillo.*No había antecedentes familiares de cardiopatía precoz, ni problemas significativos de colesterol, y las lecturas de presión arterial se habían mantenido a menudo dentro de los límites normales. Sin embargo, aquí estaba un corazón joven bajo asedio, una demostración contundente de que el humo de la marihuana por sí solo podía causar un grave compromiso vascular.

La cirugía reveló más que una obstrucción arterial. El Dr. London observó una sutil decoloración del tejido pulmonar, un mosaico de áreas oscuras que delataba la exposición crónica al humo. Si bien anteriormente había asociado los pulmones ennegrecidos principalmente con los fumadores crónicos, este caso presentaba un sorprendente contraejemplo. Los pulmones del paciente, aunque no tan dañados como los de un fumador de toda la vida, ya presentaban evidencia de deposición temprana de alquitrán, inflamación y disminución de la elasticidad. Uno de los anestesiólogos había observado pasivamente que*Las presiones de ventilación requerían ajustes, ya que los pulmones eran menos complacientes de lo esperado para alguien de su edad.*Estas observaciones intraoperatorias desafiaron la creencia previa de que el humo de la marihuana representaba un riesgo pulmonar mínimo y destacaron la naturaleza insidiosa de la exposición acumulativa.

Otro caso memorable fue el de una mujer de casi cuarenta años que había sido ingresada para una cirugía de bypass coronario electiva. Su historial médico era prácticamente anodino, salvo por un patrón recurrente de molestias torácicas y arritmias. Había revelado pasivamente que...*Había fumado marihuana socialmente durante más de veinte años, creyendo que era un calmante natural para el estrés.*Durante la operación, los injertos arteriales revelaron una disfunción endotelial grave, con una formación de placa tan extensa que requirió múltiples derivaciones. La Dra. London observó que los marcadores inflamatorios en sus arterias estaban notablemente elevados, similares a patrones típicamente asociados con décadas de tabaquismo. El contraste entre su abstinencia y la grave patología vascular subrayó una lección crucial: el humo de la marihuana no era benigno. Podía producir daños progresivos y silenciosos que solo se hacían evidentes cuando las consecuencias ya no podían ignorarse.

Más allá de las arterias y los pulmones, el Dr. London observó patrones sutiles pero constantes en los propios corazones. Los consumidores frecuentes de marihuana a menudo presentaban corazones con hipertrofia leve, un engrosamiento de las paredes musculares que sugería tensión crónica. Un joven había sido llevado tras desmayarse durante el ejercicio; las imágenes revelaron hipertrofia ventricular izquierda temprana, una afección que generalmente tarda décadas de hipertensión arterial en desarrollarse. Había admitido pasivamente que*Consumía marihuana a diario para relajarse después del trabajo y durante las reuniones sociales.*La correlación era imposible de descartar. Se dio cuenta de que el corazón respondía al estrés repetido causado por el aumento de la frecuencia cardíaca, la mayor demanda de oxígeno y la constricción vascular inducida por el THC y los componentes del humo. Estas adaptaciones microscópicas, aunque silenciosas durante años, eran precursoras de eventos potencialmente mortales como infartos, arritmias o muerte súbita cardíaca.

En varios casos, el Dr. London observó un patrón de presentación tardía. Muchos pacientes habían experimentado síntomas leves (palpitaciones ocasionales, dificultad para respirar o molestias en el pecho) que habían ignorado o atribuido al estrés. La normalización de los síntomas se vio agravada por narrativas culturales que minimizaban el riesgo, creando un peligroso círculo vicioso donde se ignoraban las primeras señales de alerta. Un paciente explicó pasivamente que*Él creía que su opresión ocasional en el pecho era normal porque sus amigos también fumaban y se sentían bien.*Una mentalidad que retrasó la intervención médica y exacerbó el daño. La mesa de operaciones, en estos casos, se convirtió en una dura lección, revelando daños que podrían haberse mitigado de haberse detectado a tiempo.

Los casos de exposición pulmonar crónica proporcionaron algunas de las lecciones más emotivas. El Dr. London relató la cirugía de un hombre de 29 años que nunca había fumado tabaco, pero que había consumido marihuana a diario durante diez años. Los pulmones estaban notablemente ennegrecidos, con zonas de inflamación crónica y fibrosis temprana. El anestesiólogo había observado pasivamente que*Las presiones ventilatorias necesitaron un ajuste cuidadoso debido a la disminución del cumplimiento,*Esto refleja el impacto fisiológico tangible de la inhalación de humo a largo plazo. La saturación de oxígeno del paciente fluctuó más de lo esperado durante el procedimiento, lo que demuestra que incluso los pulmones más jóvenes no son inmunes al deterioro estructural causado por el humo orgánico. Observar estos efectos de primera mano reforzó el mensaje que había comenzado a transmitir a los pacientes: los pulmones están diseñados para el aire, no para la combustión, y la exposición acumulada, independientemente de la sustancia, tiene un costo mensurable.

El quirófano también brindó información sobre complicaciones que se extendían más allá de los sistemas cardiovascular y pulmonar. Una paciente, una mujer de 42 años con antecedentes de consumo regular de marihuana, había desarrollado hipertensión secundaria y signos tempranos de sobrecarga renal. Los cambios vasculares observados durante la cirugía de bypass habían comprometido la perfusión renal, lo que ilustra los efectos en cascada del daño cardiovascular crónico inducido por el tabaquismo. Ella había explicado pasivamente que*Ella nunca asoció su uso con consecuencias para la salud a largo plazo, creyendo que era "herbal e inofensivo".*La interconexión de los sistemas de órganos se hizo evidente en estos casos, destacando que el impacto de la marihuana no era aislado sino que podía influir en múltiples vías fisiológicas a lo largo del tiempo.

Un caso particularmente impactante fue el de un paciente que había sido ingresado tras un paro cardíaco. La reanimación había sido exitosa, pero la magnitud del daño se reveló durante la cirugía. Las arterias coronarias estaban gravemente ocluidas y el corazón presentaba cicatrices significativas debido a eventos isquémicos previos no reconocidos. El Dr. London recordó que el paciente había admitido pasivamente que*Fumaba marihuana a diario para controlar el estrés y rara vez consideraba las consecuencias a largo plazo.*Este caso reforzó una lección crucial: el riesgo acumulativo derivado del consumo a largo plazo podía manifestarse repentina y catastróficamente, incluso en personas sin factores de riesgo tradicionales. La mesa de operaciones ofreció una ilustración vívida y esclarecedora de que lo que culturalmente se percibía como "seguro" podía ser letal.

A través de estas experiencias quirúrgicas, la perspectiva del Dr. London evolucionó más allá de la preocupación teórica hacia una comprensión práctica. La combinación de evidencia visual —pulmones ennegrecidos, arterias inflamadas, paredes cardíacas engrosadas— y los historiales de los pacientes crearon una narrativa convincente que no podía ignorarse. Quedó claro que el humo de la marihuana, independientemente de su origen orgánico o natural, conllevaba riesgos cardiovasculares y pulmonares mensurables que se acumulaban silenciosamente con el tiempo. Esta comprensión moldeó tanto su práctica clínica como su enfoque en la educación del paciente. Ya no dependía únicamente de estudios generalizados ni de advertencias anecdóticas; se basó en la evidencia visceral e innegable que se observaba en la mesa de operaciones.

Las lecciones se extendieron al asesoramiento de pacientes. El Dr. London descubrió que compartir observaciones quirúrgicas anónimas ayudaba a los pacientes a comprender la gravedad de sus decisiones sin inducirles vergüenza ni pánico. Los pacientes que podían visualizar las consecuencias tangibles (placa arterial, pulmones ennegrecidos, corazones hipertrofiados) respondieron con mayor motivación para cambiar de hábitos. Un paciente había explicado pasivamente que*Se sorprendió al saber que sus pulmones se parecían a los de un fumador de tabaco de larga data a pesar de no haber fumado nunca cigarrillos.*Esto lo impulsó a reducir su consumo y adoptar rutinas más saludables. Ofrecer ejemplos concretos y basados en la evidencia generó claridad, facilitó la toma de decisiones informadas y reforzó la urgencia de tomar medidas proactivas de salud.

La mesa de operaciones también destacó la variabilidad en la susceptibilidad individual. Mientras que algunos usuarios a largo plazo presentaban daños extensos, otros mostraban cambios moderados a pesar de hábitos similares, lo que subrayaba el papel de la genética, los factores del estilo de vida y las afecciones coexistentes. Esta complejidad requería una comunicación matizada con los pacientes: las estrategias de abandono y reducción de riesgos requerían personalización en lugar de un enfoque uniforme. El Dr. London enfatizó que, incluso si el daño observable parecía mínimo, el potencial de daño acumulativo persistía, y la intervención temprana ofrecía la mejor oportunidad de prevenir consecuencias graves.

Estos casos transformaron colectivamente la narrativa que el Dr. London compartía con el público, los pacientes y las familias. Las advertencias abstractas sobre el riesgo cardiovascular, el daño pulmonar y la inflamación fueron reemplazadas por evidencia clínica vívida que podía comunicarse con autoridad. Se dio cuenta de que la mesa de operaciones era tanto un laboratorio como un aula, donde se podían observar, medir y contextualizar las consecuencias del consumo habitual de marihuana. Cada caso quirúrgico reforzaba la necesidad imperiosa de educar, prevenir e intervenir antes de que el daño se volviera irreversible.

Más allá de las observaciones técnicas, estas experiencias influyeron en la comprensión más amplia del Dr. London sobre el comportamiento humano y los sistemas de creencias. Los pacientes a menudo llegaban convencidos de la inocuidad de la marihuana, pero sus cuerpos contaban una historia diferente. El contraste entre la percepción y la realidad subrayó el desafío de los mensajes de salud pública: las narrativas culturales, la influencia de los pares y las redes sociales a menudo superaban la cautela anecdótica. El quirófano se convirtió en un lugar donde los mitos chocaban con la evidencia, y donde la verdad médica ya no podía ignorarse.

Al final de estas experiencias acumuladas, el Dr. London reconoció que las lecciones del quirófano se extendían mucho más allá de los casos individuales. Cada paciente representaba un microcosmos de suposiciones sociales, un ejemplo vivo de cómo las falacias naturalistas, la normalización de los pares y la desinformación podían traducirse en daños tangibles. Su enfoque evolucionó para incorporar no solo la intervención quirúrgica, sino también la educación proactiva, el empoderamiento del paciente y la concienciación comunitaria. Enfatizó que la evidencia no era hipotética; era visible, medible y convincente.

Las historias de pulmones ennegrecidos, arterias engrosadas y corazones bajo presión se convirtieron en un elemento central de su estrategia de comunicación. Cuando los pacientes y sus familias comprendieron que las consecuencias del consumo crónico de marihuana podían observarse directamente, mejoró la adherencia a las estrategias de cesación o reducción de riesgos. Un paciente había explicado pasivamente que...*Finalmente tomó medidas después de ver ilustraciones derivadas de observaciones intraoperatorias,*Demostrando el poder motivador de la evidencia tangible. Por lo tanto, la mesa de operaciones no solo fue un lugar de intervención, sino también un catalizador para la prevención, la concientización y la toma de decisiones informada.
El Dr. London reflexionó que estas lecciones también eran personales. Presenciar daños prevenibles en pacientes jóvenes, por lo demás sanos, cuestionaba las suposiciones tranquilizadoras que muchos tenían sobre la marihuana. La gravedad del riesgo acumulativo, la sutileza del compromiso vascular y pulmonar, y los resultados repentinos, a veces catastróficos, eran imposibles de ignorar. Reconoció la responsabilidad de los profesionales médicos de traducir estas ideas en una guía accesible y práctica para el público en general.

En conclusión, el quirófano le había hecho cambiar de opinión no una, sino repetidamente, a través de docenas de casos que revelaron los peligros ocultos del consumo de marihuana a largo plazo. Desde adultos jóvenes con pulmones ennegrecidos hasta pacientes de mediana edad con placa arterial extensa, la evidencia era contundente e innegable. Cada caso reforzaba el mensaje crucial de este libro: que el humo de la marihuana, si bien culturalmente normalizado como "orgánico" o "seguro", conllevaba riesgos medibles y acumulativos para el corazón, los pulmones y el sistema vascular. La perspectiva del Dr. London, perfeccionada durante décadas de observación quirúrgica, se convirtió en la base de un mensaje basado tanto en la resonancia emocional como en la credibilidad clínica. Las lecciones del quirófano fueron claras: la prevención, la concienciación y la toma de decisiones informada eran esenciales, e ignorar la evidencia tangible del daño ya no era una opción.

A través de estas experiencias, se invitó al lector a comprender no solo la fisiología del riesgo, sino también la realidad de sus consecuencias. La mesa de operaciones, con su cruda claridad, se convirtió tanto en una enseñanza como en una advertencia, ilustrando que las decisiones tomadas con respecto al consumo de marihuana tenían impactos reales, observables y, a veces, irreversibles en la salud humana. Las historias de estos pacientes, anónimas pero vívidas, constituyeron el testimonio definitivo de que ninguna sustancia, por natural que pareciera, estaba exenta de riesgos.

Capítulo 23 – La advertencia final: Por qué deberías pensarlo dos veces antes de encender un cigarrillo

Era una tarde tranquila en el hospital cuando el Dr. London hizo una pausa tras un largo día de cirugías, reflexionando sobre los innumerables corazones y pulmones que había visto comprometidos por hábitos que la sociedad a menudo minimizaba. Las imágenes aún estaban vívidas en su mente: el mosaico de pulmones ennegrecidos, las paredes arteriales engrosadas, los corazones agrandados y tensos bajo una tensión invisible. Cada paciente había sido convencido, en algún momento, de que la marihuana era inofensiva, que su humo era "orgánico", que su consumo conllevaba poco riesgo. Sin embargo, en el quirófano, esas ilusiones se desvanecieron. La verdad era inevitable, cruda y, en muchos casos, devastadora. Este capítulo final fue su intento de condensar décadas de observación, investigación y experiencia clínica en un mensaje que no se pudiera ignorar.

Desde las primeras páginas de este libro, la narrativa había desafiado la suposición generalizada de que las sustancias naturales eran inherentemente seguras. Los humanos se habían sentido atraídos durante mucho tiempo por la idea de que "herbal" u "orgánico" equivalía a inofensivo. Era una idea reconfortante, que permitía a muchos racionalizar sus hábitos sin afrontar las posibles consecuencias. La marihuana se había beneficiado de este sesgo cultural, cuya aparente inocencia se había visto amplificada por décadas de defensa, cambios legales y su representación en redes sociales. El Dr. London había visto esta mentalidad reflejada en las historias de los pacientes, en su resistencia inicial a los consejos y en la normalización del consumo en todas las edades y grupos demográficos. El quirófano había dejado claro que la etiqueta de "natural" no ofrecía protección contra el daño fisiológico causado por el humo, el THC y los subproductos de la combustión.

Los pulmones fueron de los primeros órganos en contar la historia. Muchos pacientes que nunca habían fumado tabaco presentaron un ennegrecimiento temprano o moderado del tejido pulmonar tras años de consumo de marihuana. La inflamación bronquial, el engrosamiento de las paredes de las vías respiratorias y la disminución de la distensibilidad pulmonar fueron observaciones recurrentes. Un joven, de veintitantos años, había sido ingresado tras un episodio cardíaco leve, y el cirujano había observado pasivamente que...*Sus pulmones estaban visiblemente descoloridos y menos elásticos de lo esperado para su edad.*Las consecuencias fisiológicas eran evidentes: reducción del intercambio de oxígeno, tos crónica y predisposición a infecciones respiratorias. Incluso el uso casual o socialmente normativo conllevaba un riesgo mensurable. La idea de que el origen orgánico de una planta hacía que el humo fuera inocuo había sido desmentida rotundamente por la evidencia tangible de daño tisular.

El sistema cardiovascular era igualmente implacable. A través de innumerables cirugías, el Dr. London había observado los efectos sutiles pero implacables del THC y el humo en la frecuencia cardíaca, la presión arterial y la integridad vascular. Las arterias coronarias de los consumidores diarios a menudo mostraban acumulación de placa, paredes engrosadas e inflamación, incluso en pacientes menores de cuarenta años con estilos de vida saludables. Un paciente había sido ingresado por un infarto de miocardio repentino, que reveló arterias tan comprometidas que requirió una cirugía de bypass. Él había explicado pasivamente que*Había asumido que la marihuana era inofensiva porque no fumaba cigarrillos,*Ilustrando la peligrosa desconexión entre la percepción y la realidad. El corazón, al igual que los pulmones, presentaba las inconfundibles señales del estrés crónico inducido por la exposición repetida al humo de marihuana.

Más allá del daño estructural, el impacto funcional en el corazón y los pulmones fue profundo. Los pacientes presentaban arritmias, frecuencias cardíacas elevadas en reposo y episodios de palpitaciones que a menudo se consideraban benignos o relacionados con la ansiedad. El Dr. London había observado que la retroalimentación entre el estrés mental, la intoxicación por THC y la tensión cardiovascular amplificaba los riesgos. Una joven ingresada por arritmias había revelado pasivamente que...*Ella dependía de la marihuana diariamente para controlar el estrés,*Sin saber que la misma sustancia que usaba para aliviarse contribuía a su inestabilidad cardíaca. Estos patrones reforzaron una verdad esclarecedora: los supuestos beneficios de la marihuana podían enmascarar daños graves y acumulativos.

Los capítulos de este libro exploraron los mecanismos subyacentes a estas observaciones. La vasoconstricción inducida por el THC, el aumento de la demanda de oxígeno, la disfunción endotelial y la inflamación sistémica no eran términos abstractos; eran los procesos que traducían las historias clínicas de los pacientes a patología observable en el quirófano. Los mecanismos adaptativos del cuerpo podían compensar durante un tiempo, pero el daño era progresivo y silencioso hasta que un evento catastrófico obligaba a reconocerlo. El Dr. London enfatizó que incluso los usuarios asintomáticos podían presentar un compromiso cardiovascular y pulmonar significativo. La ausencia de síntomas inmediatos no equivalía a seguridad; solo retrasaba la inevitable confrontación con el riesgo.

Los patrones entre los pacientes también habían resaltado los peligros del consumo crónico, frecuente o de alta potencia. El mercado moderno, con cepas con niveles elevados de THC, había intensificado el estrés fisiológico en el corazón y los pulmones. Las técnicas de inhalación profunda, la retención prolongada de la respiración y la exposición repetida aumentaban la deposición de alquitrán y partículas, lo que agravaba la inflamación y la tensión vascular. Un adulto joven había sido ingresado con obstrucción coronaria temprana y pulmones ennegrecidos, a pesar de un consumo moderado en comparación con sus compañeros. Había explicado pasivamente que*Él prefería cepas con alto contenido de THC para efectos más fuertes,*Ilustrando cómo la potencia podría agravar los peligros ocultos. Las observaciones del Dr. London subrayaron la necesidad de considerar la frecuencia, la intensidad y el método de uso al evaluar el riesgo.

La dependencia y la normalización complicaron aún más el panorama. Muchos pacientes habían consumido a diario durante años, a menudo sin reconocer los síntomas de abstinencia ni las señales conductuales que indicaban dependencia. Irritabilidad, ansiedad, trastornos del sueño y antojos se reportaban con frecuencia de forma pasiva una vez que los pacientes dejaban de consumir, pero la exposición acumulada previa al reconocimiento ya había causado daños estructurales y funcionales. El Dr. London observó que estos patrones reflejaban los perfiles de adicción observados en otras sustancias: exposición prolongada, progresión silenciosa y reconocimiento tardío del daño. La combinación de riesgo fisiológico y refuerzo conductual hizo que la educación y la concienciación tempranas fueran aún más cruciales.

La influencia de las narrativas sociales no podía ignorarse. Los pacientes a menudo citaban las redes sociales, la legalización de la droga y las opiniones de sus colegas como justificaciones para continuar usándola. Un paciente de mediana edad explicó pasivamente que*Creía que la marihuana era segura porque era legal y ampliamente aceptada entre amigos y colegas.*La desconexión entre legalidad, aceptabilidad social y seguridad fisiológica fue un tema recurrente. El Dr. London observó que la percepción pública a menudo iba a la zaga de la realidad médica, creando un "halo de seguridad" que ocultaba el riesgo. El quirófano había servido como un lugar donde los mitos chocaban con la evidencia, revelando consecuencias que no eran abstractas ni evitables.

La educación y la comunicación proactiva fueron herramientas esenciales para la prevención. El Dr. London había enfatizado la necesidad de traducir las observaciones clínicas en una guía accesible para los pacientes, las familias y las comunidades. Las explicaciones detalladas, las ayudas visuales y los ejemplos de casos habían demostrado ser eficaces para acortar la distancia entre la percepción y la realidad. Un joven adulto había explicado pasivamente que *Ver imágenes de pulmones dañados y arterias engrosadas, junto con una explicación clara del estrés cardiovascular, lo motivó a reducir su uso.* Demostrando el poder de la evidencia tangible para influir en el comportamiento. Señaló que la toma de decisiones informada depende de la claridad, la empatía y la comunicación objetiva.

El mensaje general del libro, destilado de décadas de observación y experiencia clínica, era inequívoco. El humo de la marihuana, independientemente de su origen natural, planteaba riesgos mensurables para la salud cardíaca y pulmonar. El consumo frecuente, los productos de alta potencia y la exposición prolongada magnificaban estos peligros, mientras que la normalización social y la desinformación los ocultaban. Incluso las personas más jóvenes, a menudo consideradas de bajo riesgo, eran vulnerables a eventos cardíacos repentinos, arritmias y compromiso pulmonar. Los pacientes que llegaban con estilos de vida saludables solían revelar daños estructurales subyacentes solo al ser sometidos a cirugía. Estos no eran riesgos hipotéticos; eran reales, mensurables y potencialmente transformadores.

El Dr. London reflexionó sobre el peso emocional de estas experiencias. Los cirujanos estaban capacitados para reparar, estabilizar y preservar la vida, pero la exposición repetida a daños prevenibles tenía una resonancia aleccionadora. Cada paciente representaba una historia de progresión silenciosa, suposiciones culturales y un reconocimiento tardío del daño. Las familias que habían ignorado las advertencias durante años se enfrentaron repentinamente a la cruda realidad en el quirófano. La yuxtaposición de expectativas y resultados reforzó la urgencia de la prevención y la educación.

Al emitir una advertencia final, el Dr. London enfatizó la importancia de una decisión informada. Toda persona tiene derecho a comprender los riesgos y tomar decisiones, pero estas deben basarse en evidencias y no en mitos. El atractivo de las afirmaciones naturalistas, las tendencias sociales y la permisibilidad legal no pueden ocultar la verdad fisiológica. El cuerpo humano responde al humo y a la exposición al THC de forma medible y acumulativa, y ser consciente de estos efectos es un requisito previo para una toma de decisiones responsable.

Para quienes ya habían comenzado a consumir marihuana, el Dr. London instó a reflexionar sobre la frecuencia, la potencia y el método de consumo. Reducir la exposición, adoptar estrategias alternativas de afrontamiento y buscar orientación médica eran medidas proactivas que podrían mitigar el riesgo. Un paciente explicó pasivamente que*modificó su rutina para priorizar la salud, incorporando ejercicio y reduciendo la frecuencia de inhalación,*Demostrando que el ajuste consciente podía influir positivamente en los resultados. La prevención no se limitaba a la abstención, sino a comprender y gestionar el riesgo de forma deliberada e informada.

La dimensión social fue igualmente crucial. La percepción pública, la influencia de los pares y la representación mediática moldearon los hábitos y normalizaron el uso, minimizando a menudo el riesgo. El Dr. London abogó por una educación precisa y con base científica, accesible para todos los grupos demográficos, enfatizando la necesidad de corregir conceptos erróneos y presentar evidencia tangible y con base clínica. Las comunidades, las familias y los profesionales de la salud compartían la responsabilidad de comunicar la realidad del riesgo de forma clara, compasiva y coherente.

Al profundizar en las últimas palabras de este libro, el Dr. London reforzó el mensaje principal: la salud cardíaca y pulmonar eran aspectos innegociables del bienestar, y el humo de la marihuana representaba amenazas reales y acumulativas. La evidencia, derivada de décadas de observación quirúrgica y reforzada por la investigación, dejaba poco margen de duda. La decisión de fumar no era simplemente una elección personal; conllevaba posibles consecuencias a largo plazo para la integridad cardiovascular, la función pulmonar y la calidad de vida en general.

Se llamó a los lectores a la conciencia, la reflexión y la acción. No se trataba de una advertencia moral ni de un llamado al miedo, sino de la presentación de una realidad incontrovertible. El quirófano había revelado la verdad que las conversaciones informales, la confianza mutua o la normalización social a menudo ocultaban: que el humo, independientemente de su origen, tenía consecuencias considerables. Corazones sometidos a presión, pulmones comprometidos, arterias inflamadas: estas eran las señales visibles de una sustancia que se creía inofensiva.

El Dr. London concluyó con un mensaje directo y urgente: piénsenlo bien antes de fumar. Reconozcan la evidencia, comprendan los riesgos y tomen decisiones basadas en la ciencia, no en mitos. La prevención, la moderación y la elección informada son esenciales para la salud a largo plazo. Cada inhalación, cada sesión, conlleva efectos acumulativos que pueden manifestarse décadas después o incluso en eventos repentinos y potencialmente mortales. La concienciación es la primera línea de defensa; la toma de decisiones informada es la siguiente.

Finalmente, el libro termina con un llamado a la responsabilidad: hacia uno mismo, hacia los seres queridos y hacia la comunidad en general. La narrativa de la inocencia natural había sido desmantelada por la observación, la investigación y la experiencia vivida en el quirófano. La advertencia final del Dr. London fue clara, concisa e inevitable: las consecuencias del consumo habitual de marihuana eran reales, mensurables y potencialmente devastadoras. Se instó a los lectores a detenerse, considerar la evidencia y priorizar su salud cardíaca y pulmonar a largo plazo por encima de las suposiciones sociales o las tendencias culturales pasajeras. La decisión de fumar, enfatizó, nunca debe tomarse a la ligera.

El capítulo concluyó con una nota serena y reflexiva, que permitió al lector contemplar la evidencia tangible, las historias vividas de los pacientes y la cruda realidad de los efectos del humo en el cuerpo humano. Las decisiones informadas, basadas en la realidad médica, eran el camino hacia la protección, la longevidad y el bienestar. La advertencia final era simple pero profunda: piénselo dos veces, comprenda plenamente y elija con sabiduría. Cada inhalación tenía consecuencias, y ahora era el momento de actuar con consciencia.

EL FIN

www.ingramcontent.com/pod-product-compliance
Lightning Source LLC
LaVergne TN
LVHW060228051026
849517LV00005B/1556
9798295467714